弘贊律師開示語錄

解惑篇

眾生福薄鮮具信根，甘自伶俜難為教化，
勞我釋尊大慈悲父出世援拔，法說三乘。
然而有耳曾聞，有眼曾覩者，
千萬人中未易多為屈指也。

弘贊律師 註

華夏出版公司本著「弘揚傳統文化，好書永世流傳」的理念，因舊版圖書年代久遠，囿於時空因素，在尚未能聯繫到原著作人並取得同意下，重新出版了這本著作，如有侵權，敬請著作權人或其親友和華夏出版公司聯繫，謝謝您。

解惑編序

佛之智洵難測度也哉能測者誰惟佛與佛矣諸大菩薩尙不能得其髣髴況降斯以下而許少思議者乎嗚呼衆生福薄鮮具信根甘自跉跰難爲敎化勞我釋尊大慈悲父出世援拔法說三乘然而有耳曾聞有眼曾覩者千萬人中未易多爲屈指也所謂終日戴天不知天之高終日履地不知地之厚流離瑣尾窮子何歸慈父憫念而繈褓之吾曹日在繈褓中而竟忘其所自而奚翅爲軹耶今夫坐井觀天者心惟計天如許大耳初不知其無涯涘焉有告以無涯涘者弗信也告者曰何物老嫗產此愚人良以見識有限孰一不通故對醯鷄而語滄海雖費盡無量至言終叵令其無疑也何也彼舉生所由不過是也則凡囿於見聞而不信有佛道可成者亦若是則已矣牟

子所謂少所見多所怪覩駱駝言馬腫背莊子所謂鵬飛九萬里而圖南而取笑于蜩鳩者也予不敏身出東官官之人多崇佛道予自齠齔使識佛名稍長輒遊梵刹纔覧佛書頗諳佛教爲最上事遂欲作上人弗果洎以一官羈縻益不遑滿願爲悵今老矣無能爲也惟是慕道之心未嘗少置每歎吾生也晚且處邊地不獲於靈山會上親聞佛說法爲悲更悲夫同吾生者弁髦至道惑於偏邪排難繽紛牢莫能解思著一書解之而靡暇也先年偶從禪者得解惑編云是鼎湖在和尚所集撫掌欣欣先得我心之所同然也闔畢翹空作禮曰在大師爲再來大士者歟非耶抑天生以救斯民於未溺也夫惑亦衆矣解之雖不乏人然皆散出于各典曾未有蒐而裒之以爲世之良導故閱者未便得其全理以互絕其狐疑焉縱間或遇一二章均不足以感發前人之趣向惟和尚以度世婆心而編輯之集大成以壽梓流通于六

合寰中普使人人咸皆屬目惡知不有若干頑疲舊習被其打動去妄歸眞而直躋于無上之域者乎其爲功也詎不韙哉和尙著書百餘卷進意此爲度人之妙術云東湖尹源進頓首拜題

解惑編後序

佛可信乎何惑之者之多也佛不可信乎何解之者之多也夫以昌黎廬陵之賢而不能無惑於其始而始惑之而終解之此其所以爲昌黎爲廬陵而非沈冥昏墨者之一惑而不可解也而知昌黎廬陵之始惑而終解者卒鮮而惑者猶斷斷然曰唐之韓子宋之歐陽子固不信佛者也豈不厚誣昌黎廬陵也哉鵷鵬已翔乎寥廓而羅者猶視夫藪澤悲夫賓幼時夢與諸僧共聚聽講經洒棄家爲僧又嘗於夢中得偈四句醒尙記其一云一點靈光塞

太虛其於佛法信之深且久而篤也無所謂惑無所於解有勸以返初服破葷戒者則曰吾信吾佛亦猶儒信儒道信道凡不信者皆惑也以解之自頃佛教黯黮不絕如縷毎忖智識淺陋道行薄劣不能有所發明以己之信者堅人之信以己之不惑者解人之惑蓋有志焉而未之逮行老且死心甚恧焉得是編而讀之如骨鯁忽出於喉也如流水朝宗於海而東注也如漆室不能自睹身手而放大光明如度洪河巨海而帆檣舟楫具陳於前也自今以始凡予之自信者可以共信而不惑而凡不信而惑者亦當了然釋然而不解自解矣然則刊而布之不可緩也此序

大中華民國元年歲次壬子陰歷十二月佛成道日末法乞士海鹽蓮洲氏謹識

解惑編卷上

廣州南海寶象林沙門弘贊在犙編

吳太宰嚭 楚臣奔吳爲大宰

列子仲尼篇

太宰問孔子曰。夫子聖人歟。對曰。丘也博識強記。非聖人也。又問三王聖人歟。對曰。三王善用智勇。聖非丘所知。又問五帝聖人歟。對曰。五帝善用仁義。聖非丘所知。又問三皇聖人歟。對曰。三皇善用時政。聖非丘所知。太宰駭曰。然則孰爲聖人乎。夫子動容有間曰。丘聞西方有聖者焉。不治而不亂。不言而自信。不化而自行。蕩蕩乎民無能名焉。

據斯以言。孔子深知佛爲大聖也。時緣未昇。故默而識之。有機故舉。然未得昌言其致矣。尚直篇云。不治不亂。不言自信。不化自行。實太古之聖道。孔子發明此道。而無私心。推此一節。亦足以見孔子之聖德也。佛法苟非大道。則孔子已指其非矣。安得稱爲聖乎。佛法教人爲善沮惡之言。與三綱五常若合符節。實爲世人之福田。明道之大本也。陰翊
皇度補于政教之功。可謂至知。

釋迦如來降誕

佛經并周書異記

迦葉佛。人壽二萬歲時出世。釋迦如來。欲人壽一萬歲時出世。以衆生根緣未熟。乃人壽百歲時御世。然佛佛出世皆先在兜率天。教化諸天子已降生南贍部洲。故釋迦如來。在兜率天時。名護明菩薩。七月十五日。自兜率天。乘六牙白象王。下中天竺迦毘羅國淨白聖王宮中。從母摩耶夫人。右脇入胎住於右脇。次年四月八日。平旦時。夫人與諸婇女。入嵐毘尼園遊觀。夫人見無憂花鮮好。舉右手攀摘。佛卽從右脇墮下。七寶蓮花捧足。四方周行七步。

一手指天。一手指地。曰天上天下。惟吾獨尊。周書異記云。昭王二十四年甲寅之歲。四月八日。江河泉池。忽然泛漲。井皆溢出。宮殿人舍山川大地。咸悉震動。其夜即有五色祥光。入貫太微。徧於西方。盡作青紅色。日有重輪。王問羣臣曰。是何祥耶。羣臣莫測。太史蘇由筮之。得乾之九五。由曰。有大聖人生於西方。故現此瑞。王曰。於天下何如。由曰。此時無他。至千年外。聲教被此。昭王即遣鐫石記之。置於南郊天祠前。至穆王即位二十三年。數有光明來照王都。王疑寇至。遣相國呂侯出師防之。乃曰。西方聖人說法度人。光流及此。王聞先蘇由所記。知西方有聖人處世。王遂乘驊騮八駿馬西行求道。故天人陸玄暢答道宣律師云。周穆王身遊天竺。佛告穆王。彼土現有迦葉佛舍利古塔可返禮事。王問何方。佛言。在鄗京之東南也。迦毘羅亦名迦維羅衛

釋迦如來滅度

周書異記幷白馬寺記

佛告諸弟子。如來於今中夜。當入涅槃。時諸天龍神。國王臣民。他方菩薩雲集。佛爲說法。辭滿四十卷。名大涅槃經。遂於中夜入諸禪定。寂然而般涅槃。涅槃經後分云。如來三反入諸禪定。三反示誨衆已。卽於中夜。而入涅槃。時大地所有諸山。一時振裂。悉皆崩倒。出大音聲。振吼世界。唱言。苦哉大地虛空。寂然大暗。日月精光。悉無復照。忽然黑風鼓怒。驚振。吹扇塵沙。彌暗世界。一切卉木藥草。諸樹悉皆摧折。碎落無餘。江河溪澗。流泉悉皆傾覆枯涸。云云。周書異記云。周穆王卽位五十三年。壬申之歲。二月十五日。平旦暴風忽起。損舍折樹。山川大地。宮殿皆悉震動。鳥獸悲鳴。日午天陰。雲黑。西方有白虹十二道。南北通貫。連夜不滅。王問太史扈多曰。是何徵也。扈多卜曰。西方大聖人入滅。衰相現耳。此卽如來入涅槃之相也。梵語涅槃。此云圓寂。謂德無不備名圓。障無不盡名寂。亦云滅度。謂滅煩惱度生死也。三敎法頌云。

周昭甲寅第四帝　釋迦降生迦維衞　穆王壬申五十三
如來八十歸眞際　滅度一千八十年　敎流漢明永平世
佛先四百二十二　老子方生定王世　佛先四百七十七
孔子靈王時誕質

法流震旦

法本內傳 史官傳毅撰

東漢明帝。永平三年庚申四月八日。帝寢南宮。夢金人長丈六。項佩日光。胸題卍字。飛至殿前。去來無礙。旦問羣臣。時太史傅毅進曰。臣聞西域有神其名曰佛。陛下所夢將必是乎。國子博士王遵對曰。臣按周書異記云。周昭王甲寅四月八日。有聖人生西方。今陛下所夢是也。帝乃遣將軍蔡愔中郎將秦景。博士王遵等十八人。使西域訪求。六年癸亥。愔等於天竺鄰境月支國遇摩騰、竺法蘭二法師。得白氎像幷梵本經六十萬言。載以白馬。相與東還。八年乙丑。達洛陽。法師入闕獻經像。帝大悅。館於鴻臚寺。十年丁卯。敕於洛陽城西立白馬寺以居之。以白馬馱經。遂名白馬寺。（震旦佛寺始此）是年騰蘭譯出四十二章經。十一年戊辰。帝幸寺。騰進曰。寺東何館。帝曰。昔有阜夷之復起。夜有異光。民呼聖冢。騰曰。昔阿育王藏佛舍利於天下。凡有八萬四千所。震旦之境有十九處。此其一也。帝與俱往禮拜。忽有圓光現冢上。光中有三佛。帝大悅曰。不遇二大士。安知大聖遺祐哉。詔塔其上。高二百尺。明年光又現。有金色手出塔頂。帝幸禮拜。光隨步武。十二年。詔以佛像奉安顯節陵、清涼臺二處供養。帝問騰曰。法王出世。何以化不及此。答曰。迦毘羅國。三千大千世界。百億日月之中心也。三世諸佛。皆在彼生。乃至天龍鬼神。有願行者。皆生於彼。受佛正化。咸得悟道。餘處衆生。無緣感佛。佛不往也。佛雖不往。光明及處。或五百年。或一千年。皆有聖人傳佛聲敎而化導之。廣說敎義。文廣故略之。十四年正月一日。朝正之次。五嶽幷諸山道士七百餘人。自相命曰。天子棄我道法。遠求胡敎。今可以表抗之。其表略曰。五嶽十八山觀泰山三洞弟子。褚善信等。死罪上言。自聞太上無形無名。無極無上。虛無自然。大道出於造化之前。上古同遵。百王不易。今陛下道邁羲皇。德高堯舜。竊承陛下棄本追末。求敎西域。所事乃是胡神。所說不參華夏。願陛下恕臣等罪。聽與試驗。臣等諸道士。多有徹視遠聽。博通經典。從元皇已來。太上羣錄。太虛符咒。無不綜練。達其涯極。或策使鬼神。吞霞飲氣。或入火不燒。或履水不溺。或白日昇天。或隱形不測。至於方術。無所不能。願得與其比校。一則聖上意安。二則得辨眞僞。三則大道有歸。四則不亂華俗。臣等若比對不如。任聽重決。如其有勝。乞除虛妄。敕遣尙書令宋庠。引入長樂宮。以今月十五日。可集白馬寺。道士等便置三壇。壇別開二十四門。褚善信等各賫靈寶眞文太上玉訣。三元符籙等。五百九卷。置於西壇。茅成子、許成子、黃子、老子等二十七家子書。三百三十五卷。置於中壇。饌食奠祀百神。置於東壇。帝御行殿在寺南門。佛舍利經像。置於道西。十五日齋訖。道士等以柴荻和檀沉香爲炬。遶經泣曰。臣等上啓太極大道元始天尊。衆仙百靈。今胡神亂夏。人主信邪。正敎失蹤。玄風墜緒。臣等敢置經於壇上。以火取驗。欲使開示蒙心。得辯眞僞。便縱火焚經。經從火化。悉成灰燼。惟佛經像儼然。道士等相顧失色。大生怖懼。將欲昇天隱形者。無力可能。禁劾鬼神者。呼策不應。各懷愧恧。南嶽道士費叔才。自撼而死。太傅張衍語褚信曰。卿等所試無驗。即是虛妄。宜就西來眞法。褚信曰。茅成子云。太上者。靈寶天尊是也。造化之作。謂之太素。斯豈虛妄乎。衍曰。太素有貴德之名。無言教之稱。今子說有言教。即爲妄也。信默然。時佛舍利光明五色。直上虛空。旋環如蓋。徧覆大衆。映蔽日光。摩騰師法踴身高飛。坐臥空中。廣現神變。於時天雨寶花。在佛僧上。又聞天樂。感動人情。大衆咸悅。歎未曾有。皆遶法蘭。聽說法要。幷吐梵音。歎佛功德。亦令大衆稱揚三寶。說諸法相不一。又說出家功德最高。帝於是彌加崇敬。時司空陽城侯劉峻。與諸官人士庶等千餘人出家。四嶽諸山道士呂惠通等六百二十八人出家。陰夫人王婕妤等。與宮人婦女二百三十人出家。帝立寺十所。七所城外安僧。三所城內安尼。自斯已後廣矣。傳有五卷。略不備載也。騰卒。蘭自譯十地斷結等經。

費長房三寶記幷義楚六帖云西漢光祿大夫劉向校書天祿閣往往見有佛經白馬寺記云秦始皇三十年甲申西域沙門室利防等十八人賫梵本經至咸陽有司以聞帝以其異俗囚之利防等念摩訶般若波羅蜜光明照耀瑞氣盤旋滿於囹圄有金神長丈六持杵揚威擊碎其獄出之帝驚悔卽厚禮之而去魏略及西域傳云臨猊國有神人名曰沙律年老髮白常敎人爲浮圖有殃禍及無子者勸行浮圖齋戒令捨財贖愆猊王久無太子其妃莫耶因祀浮圖而生太子遂名其子爲浮圖焉前漢哀帝時景憲使月氏國王令太子口授經於景所以浮圖經敎前漢早行六十三年之後明帝方感瑞夢也○如來涅槃已王臣以香積成樓安金棺於樓上焚七日夜天帝釋持寶瓶瀉乳息火開金棺得舍利八斛四斗天帝取佛右邊大牙歸忉利天歡喜園中建塔時八大國王分舍利回本國建塔龍王取一塔舍利歸宮供養過百年後有鐵輪王出世名阿育統南贍部洲役鬼神一日造八萬四千寶塔徧於南贍部洲此東震旦十九所今現見者惟五六處甯波府鄮山阿育王寺塔高尺餘非木非香又非土石而甚輕四面玲瓏皆菩薩及護法神像記云是鬼神鍊七寶末作者云云

漢桓帝

漢書幷三寶記

永興二年。帝於宮中。鑄黃金浮圖太子像。覆以百寶華蓋。身自奉之。由是百姓向化。事佛彌盛。震旦鑄金銀像始此。

楚王 諱英。明帝弟。

王最先奉佛。喜爲浮圖齋戒。永平九年。奉黃縑白紈。詣相國曰。託在藩輔。過惡累積。奉送縑帛以贖罪愆。相國以聞。詔報曰。楚王誦黃老之微言。尚浮圖之仁祠。何嫌何疑。其還之。以助伊蒲塞、桑門之盛供。王公貴人。遂爭效之。伊蒲塞。卽優婆塞。桑門卽沙門。時沙門少。故兼伊蒲塞齋。

出漢書

理惑論 共三十七篇 今略錄數章

漢牟融著

牟子既修經傳諸子。書無大小。靡不好之。雖不樂兵法。然猶讀焉。雖讀神仙不死之書。抑而不信。以爲虛誕。是時靈帝崩後。天下擾亂。獨交州差安。北方異人。咸來在焉。多爲神仙辟穀長生之術。時人多有學者。牟子常以五經難之。道家術士。莫敢對焉。時牟子年方盛。志精於學。又見世亂。無仕宦意。竟遂不就。乃歎曰。老子絕聖棄智。修身保眞。萬物不干其志。天下不易其樂。天子不得臣。諸侯不得友。故可貴也。於是銳志於佛道。兼研老子五千文。含玄妙爲酒漿。翫五經爲琴簧。世俗之徒。多非之者。以爲背五經而向異道。欲爭則非道。欲默則不能。遂以筆墨之間。略引聖賢之言證解之。名曰牟子理惑云。

或問曰。何以正言佛。佛爲何謂乎。牟子曰。佛者諡號。猶名三皇神。五帝聖也。佛乃道德之元祖。神明之宗緒。佛之言覺也。恍惚變化。分身散體。或存或亡。能小能大。能圓能方。能老能少。能隱能彰。蹈火不燒。履刃不傷。在汙不染。在禍無殃。欲行則飛。坐則揚光。故號爲佛也。問曰。何謂之爲道。道何類也。牟子曰。道之言導也。導人致於無爲。牽之無前。引之無後。舉之無上。抑之無下。視之無形。聽之無聲。四表爲大。綩綖其外。毫釐爲細。間關其內。故謂之道。問曰。佛道至尊至大。堯舜周孔。曷不修之乎。七經之中。不見其辭。子既躭詩書。悅禮樂。奚爲復好佛道。喜異術。豈能踰經傳。美聖業哉。竊爲吾子不取也。牟子曰。書不必孔丘之言。藥不必扁鵲之方。合義者從。愈病者良。君子博取衆善。以輔其身。子貢云。夫子何常師之有乎。堯事尹壽。舜事務成。旦學呂望。丘學老聃。此俱不見於七經也。四師雖聖。比之於佛。猶白鹿之與麒麟。鷰鳥之與鳳凰也。堯舜周孔且猶之。而況佛身相好。變化神力無方。焉能捨而不學乎。五經事義。或不所闕。佛不見記。何足怪疑哉。問曰。云佛有三十三相。八十種好。何其異於人之甚也。殆富耳之語。非實之云也。牟子曰。諺云。少所見。多所怪。覩馲駝言馬腫背。堯眉八彩。舜目重瞳。皋陶鳥喙。文王四乳。禹耳三漏。周公背傴伏羲龍鼻仲尼反頟老子日角目玄鼻有雙柱手把十文足蹈二五此非異於人乎佛之相好奚足疑哉問曰佛道言人死當復更生僕不信此言之審也牟子曰人臨死其家上屋呼之死已復呼誰或曰呼其魂魄牟子曰神還則生不還神何之乎曰成鬼神牟子曰是也魂神固不滅矣但身自朽爛耳身譬如五穀之根葉魂神如五穀之種實根葉生必當死種實豈有終亡得道身滅耳老子曰吾所以有大患以吾有身也若吾無身吾有何患或曰爲道亦死不爲道亦死有何異乎牟子曰所謂無一日之善而問終身之譽者也有道雖死神歸福堂爲惡既死神當其殃愚夫闇於成事賢智預於未萌道與不道如金比草善之與惡如白方黑焉得不異而言何異乎問曰孔子云未能事人焉能事鬼未知生焉知死此聖人之所紀也今佛家輒說生死之事鬼神之務此殆非聖喆之語也夫履道者當虛無澹泊歸志質

樸、何爲乃道生死以亂志。說鬼神之餘事乎。牟子曰。若子之言。所謂見外。未識內者也。孔子疾。子路不問本末。以此抑之耳。孝經曰。爲之宗廟。以鬼享之。春秋祭祀。以時思之。又曰。生事愛敬。死事哀慼。豈不教人事鬼神知生死哉。周公爲武王請命曰。旦多才多藝。能事鬼神。夫何爲也。佛經所說生死之趣。非此類乎。牟子曰。既知其子。復守其母。沒身不殆。又曰。用其光。復其明。無遺身殃。此道生死之所趣。吉凶之所住。至道之要。寶貴寂寞。佛家豈好言乎。來問不得不對耳。鐘鼓豈有自鳴者。桴加而有聲矣。問曰。吾子以經傳理佛之說。其辭富而義顯。其文熾而說美。得無非其誠是子之辯也。牟子曰。非吾辯也。見博故不惑耳。問曰。見博其有術乎。牟子曰。由佛經也。吾未解佛經之時。惑甚於子。雖誦五經。適以爲華。未成實矣。吾既覩佛經之說。覽老子之要。守恬淡之性。觀無爲之行。還視世事。猶臨天井而闚溪谷。登嵩岱而見丘垤矣。

五經則五味。佛道則五穀矣。吾自聞道已來。如開雲見白日。炬火入冥室焉。
問曰。子以經傳之辭。華麗之說。褒讚佛行。稱譽其德。高者陵青雲。廣者踰地圻。得無踰其本。過其實乎。而僕譏刺頗得疹中。宜其病也。牟子曰。吁。吾之所褒。猶以塵埃附嵩岱。收朝露投滄海。子之所謗。猶握瓢觚。欲減江海。操耕耒欲損崐崙。側一掌以翳日光。舉土塊以塞河衡。吾所褒。不能使佛高。子之毀不能令其下也。（詳如弘明集）

曹植（字子建武帝第四子）　廣明弘集

植精通書藝。時稱爲天人。每讀佛經。輒留連嗟玩。以爲至道之宗極。嘗遊漁山。聞空中梵天之響。清颺哀婉。因倣其聲。寫爲梵唄。今法事有漁山梵。卽其餘奏也。嘗著辯道論。言仙道虛妄。

闞澤

字德潤 山陰人

廣弘明集并宗炳明佛論

吳主孫權問尚書令闞澤曰。孔丘李老得與佛比對否。澤曰。臣聞魯孔君者。英才挺秀。聖德不羣。世號素王。制述經典。訓奬周道。教化來葉。師儒之風。澤潤今古。亦有逸民。如許成子。原陽子。莊子。老子等百家子書。皆修自翫。放暢山谷。縱佚其心。學歸澹泊。事乖人倫長幼之節。亦非安俗化民之風。至漢景帝。以黃子、老子、義體尤深。改子爲經。始立道學。敕令朝野。悉諷誦之。若以孔老二教。比方佛法。遠則遠矣。所以然者。孔老二教。法天制用。不敢違天。諸佛設教。諸天奉行。不敢違佛。以此言之。實非比對。吳主大悅。以澤爲太子太傅。

東晉袁宏

宏有逸才。嘗著漢紀云。西域天竺。有佛道焉。佛者覺也。將覺悟羣生也。其教以修善慈悲爲主。專務清淨。其精者。號沙門。漢言息心。蓋息意去欲。而歸於無爲也。又以爲人死。精靈不滅。隨復受形。生時行善惡。皆有報應。故所貴行善修道。以鍊精神。以至爲佛也。世俗之人。或以爲虛誕。然歸於玄。爲深遠難得而測。故王公大臣。視生死報應之際。莫不矍然而自失焉。

廣弘明集

孫綽

哀帝朝。爲著作郎。撰喻道論。略曰。夫佛也者。體道者也。道也者。導物者也。應感順通。無爲而無不爲者也。無爲故、虛寂自然。無不爲故、神化萬物。或難曰。周孔適時而敎。佛欲頓去殺。將何以懲暴止奸哉。答曰。不然。周孔卽佛。佛卽周孔。故在皇爲皇。在王爲王。佛者覺也。猶孟軻以聖人爲先覺。其旨一也。周孔救弊。佛敎明本。共爲首尾。其致不殊。難曰。周孔以孝爲首。而沙門之道。棄親卽疎。利剔鬚髮。生廢色養。終絕血食。而云弘道敦仁。廣濟羣生。答曰。故孝之爲貴。貴能立身行道。永光厥親。若匍匐懷橘。日御三牲。而不能令萬物尊已。非養親之道。昔佛爲太子。棄國學道。道成號佛。具三十二相。八十種好。游步三界之表。恣化無窮之境。天淸地潤。品物咸亨。蠢蠕之生。枯槁之類。改悴爲榮。還照本國。廣敷法音。父主咸悟。亦升道場。以此榮親。何孝如之。佛有十二部經。其四部。專以勸孝爲事。殷勤之旨。可謂至矣。而俗人不詳其源。便瞽言妄說輒生攻難。以螢燭之見。疑三光之盛。芒隙之滴。怪淵海之量。以誣罔爲辯。以果敢爲明。可謂狎大人而侮天命者也。

略錄

晉至劉宋

西晉武帝。大崇佛事。廣造伽藍。惠帝於洛下造興聖寺。常供百僧。出方志 東晉元帝。詔沙門竺潛入內講經。帝敬其德。令著屐登殿。帝造瓦棺、龍興二寺。以集丹陽、建業千僧供養。明帝手御丹青圖釋迦佛像于大內樂賢堂。造皇興、道場二寺。集義學沙門百員。講論佛道。出六帖幷統紀 成帝詔會稽寶山法義法師入禁中。傳授五戒。建中興、鹿野二寺。以居義學千僧。出六帖 簡文帝幸瓦棺寺。聽竺法汰講放光般若經。敕長干寺造塔。壯麗殊偉。工畢。光照簷宇。帝每讀佛經。以爲陶鍊精神。卽聖可至。出釋鑑 孝武帝。聞道安法師名。詔曰。法師以道德照臨人天。使大法流行。爲蒼生依賴。宜日食王公祿。所司以時資給。於內殿立精舍。奉佛。召名德沙門居中講道。造皇泰本起二寺。王羲之於廬山建歸宗寺。請西天達磨多羅居之。羲謁沙門支遁于會稽。觀其風力。謂曰。道遙可得聞乎。遁作數千言與之。羲遂披襟解帶。留連不能已。乃請住靈嘉寺。意存相近也。出晉史并僧傳 郗超字景與 爲桓溫府掾。嘗著五戒文。自行五戒。年三長齋。月六齋。凡齋日。不嘗魚肉。不御妻妾。過中不食。洗心念道。歸依三寶。東晉羅含。徵爲尙書郎。著更生論。略曰。萬物有數。天地無窮。萬物不更生。則天地有終。天地無終。則更生可知矣。出弘明集 謝尙。晉爲鎭西將軍。嘗夢其父告之曰。西南有氣。至人當必死。汝宜修福。建塔造寺。可禳之。若未暇造塔寺。可於杖頭刻作塔形。見氣來。可擬之。尙瘖。遂刻小塔。施於杖頭。恆置左右。後果有異氣。從天而下。始如車輪而漸彌大。直衝尙家。尙以杖頭指之。氣卽囘散。闔門獲全。氣所經處。數里無復孑遺。尙遂捨宅爲莊嚴寺。(出建康錄)後秦姚興少敬三寶。迎羅什法師歸秦。奉之若神。講經於草堂寺。興及朝臣沙門千餘人。肅容觀聽。由是公卿以下皆奉佛法。州郡受化。事佛者十室而九。僧尼萬數。(出北史)宋武帝姓劉。以京口故宅爲普照寺。設齋內殿。施䞋資三萬。帝手書戒經口誦梵本。造寺五所。(出帝紀幷稽古略)文帝元嘉五年。造禪靈寺。常供千僧。九年幸大莊嚴寺。設大會。帝親同四衆坐地。及齋。衆以過午不食。帝曰。日纔中耳。道生法師曰。白日麗天。天既云中。何得非中。舉鉢便食。衆隨之。帝大悅。(出宋史)孝武帝於中興寺建八關齋。戒中食竟。從臣袁愍孫等更進魚肉。帝怒。並與免官。帝詔曇宗法師懺罪。帝因曰。朕有阿罪。而勞師爲懺。宗曰。舜稱予達汝弼。禹曰。萬方有罪。在予一人。陛下履道思冲。甯得獨異。常大悅。(出高僧傳)明帝謂道猛法師曰。師非直道益蒼生。亦乃有光世望。敕講成實論。公卿畢集。帝親臨聽。出高僧傳帝問誌公曰。牛首山有何神聖。誌曰。文殊領一萬菩薩。夏居五臺。冬居牛首。帝造丈八金佛。且常蔬食。日誦般若。感得舍利。造弘普寺。出六帖

何尚之　出宋史

元嘉十二年。文帝謂侍中尚之曰。范泰、謝靈運、常言六經本在濟俗。若求性靈眞要。則必以佛理爲指南。近見顏延之折達性論。宗炳難黑白論。並明達至理。開獎人意。若率土皆敦此化。則朕坐致太平矣。尚之曰。渡江已來王導、周顗、庾亮、謝安、戴逵、許詢、王濛、郗超、謝尚、王坦之、臣高祖兄弟何充兄弟莫不稟志歸依。夫百家之鄉。十八持五戒。則十人淳謹。千室之邑。百人修十善。則百

人和睦。人能行一善。則去一惡。去一惡則息一刑。一刑息於家。萬刑息於國。此明旨所謂坐至太平者也。故圖澄適趙。二石滅暴。靈塔放光。符摧損虐。神道助化。昭然可觀。至於土木之功。雖若鉅費。然値福報恩。不可頓絕。羊玄保進曰。此談蓋天人之際。豈臣所宜預。竊謂秦楚强兵。孫吳吞倂。將無取於此也。尚之曰。夫禮隱逸則戰士息。貴仁德則兵氣銷。以孫吳爲志。勤期吞倂。則將無取乎堯舜之道。豈特釋敎而已哉。帝悅曰。釋門之有卿。猶孔門之有季路。惡言不入於耳也。

范泰　子曄　出漢書

泰博覽羣籍。好爲文章。暮年事佛甚精。子曄。撰東漢書。其西域論略曰。佛道神化興自身壽。其國則殷乎中土。玉燭和氣。靈聖之所降集。賢懿之所挺生。神跡且異。則理絕人區。感驗明顯。則事出天外。而張騫無聞者。豈其道閉往運。數開叔葉乎。

北魏孝文帝

釋鑑幷北史正宗記

帝。改姓元氏。上皇敕自今祭天地宗社。勿用牲。唯薦以酒脯。造建明寺。詔每年四月八日七月十五日。聽大州一百人為僧。中州五十。下州二十五。著令以為常。詔懿德法師。聽一月三入殿。俾朕飡稟道味。光飾朝廷。帝在位二十九年。手不釋卷。暇則自講。六宮侍女。皆持六齋。度僧造寺甚衆。宣武帝。孝文帝次子。詔西域菩提流支。於紫極殿譯楞伽經。帝親筆受。時自西域來者三千餘人。帝別立永明寺千餘間以處之。遠近承風。無不事佛。孝明帝。宣武次子。詔諸郡。立五級浮圖。胡太后敕宋雲。與沙門慧生等。往西天求經。四年宋雲等使西域還。得佛經一百七十部。正光庚子。達磨自梁入魏。至嵩山少林寺。面壁而坐。帝三詔不至。就賜摩衲袈裟。金鉢。銀水瓶。繒帛。師不受。三返然後受之。

南齊蕭子良

廣弘明集

蕭子良封竟陵王。與文慧太子。並精佛理。每招致名僧。講論佛乘。尊法之盛。江左未有。或親爲衆僧賦食行水。子良嘗夢東方普光世界天王如來。說淨住淨行法門。因註淨住子二十卷。謂淨身口意。如戒而住也。淨行者。以諸業淨則化行於世也。齊永明八年。感夢乃註法門三十一條。備載廣弘明集三十二卷。

梁武帝　　出南史

天監二年癸未。侯景生。即齊東昏侯後身。是日誌公在便殿。賜坐。忽顰蹙。引頸歎曰。仇敵生也。帝罔測。三年四月八日。帝捨道奉佛。親自疏文曰。弟子蕭衍。在昔躭事老子。歷葉相承。染此邪法。今捨舊習。歸憑正覺。願使未來生世。童男出家。化化衆生。共取成佛。甯在正法長淪惡道。不樂依老暫得生天。陟大乘因。永離邪見。云云 太清三年夏四月。逆賊侯景陷臺城。以甲士五百人自衛。帶劍上殿。拜訖。帝神色自若。使引向三公坐榻。謂曰。卿在戎日久。無乃爲勞乎。景惶懼。不能對。出謂左右曰。吾每據鞍臨敵。矢石交下。了無所怖。今見蕭公。使人畏慴。豈非天威難犯。吾不復見之矣。乃景自稱大丞相。而徵求無已。帝怒。後寢疾。安臥不動。齋戒不衰。日夕念佛。不絕於口。時皇子侍側。五月丙辰大漸。不能進膳。久而口苦。索蜜未至。而舉手曰。荷荷。（荷即蓮花。鑑以荷荷憤爲怒之聲。何毀之太過耶。）遂崩於淨居殿。年八十有六。在位四十九載。帝日角龍顏。舌紋八字。項有淨光。身映日無影。右手紋成武字。幼嘗蹈空而行。所居之室。常若雲氣。人或遇者。體輒肅慄。前後受命符瑞。凡六十餘事。及即位。太極殿常有六龍。各守一柱。其神奇異瑞。自書契以來。人君皆所未有。幼而好學。六藝備閑。基登逸品。至於陰陽緯候。卜筮占決。草撰尺牘。騎射並洞精微。雖登大位。萬機多務。猶手不釋卷。然燭測光。常至夙夜。撰通史六百卷。金海三十卷。五經義註講疏等。合二百餘卷。贊、序、詔、誥、銘、誄、箴、頌、牋、奏、諸文。凡一百二十卷。從慧約法師受菩薩戒。過午不食。膳無鮮腴。唯豆羹糲飯而已。或遇事冗。

不暇就食。日纔過中。便漱口而坐。製涅槃、大品、淨名、三慧、諸經義記、數百卷。聽覽餘暇。卽於重雲殿、同泰寺、講說。名僧碩學。四部聽衆。常萬餘。布衣木綿皂帳。一冠三載。一被二年。五十外。便斷房室。不食酒肉。不取音樂。非宗廟祭祀大會饗宴。及諸法事。未嘗擧樂。勤於政事。每冬月四更竟。卽敕把燭看事執筆觸寒。手爲皴裂。然仁愛不斷。每決死罪。常矜哀流涕。然後可奏。性方正。雖居小殿暗室。常理衣冠。小坐。暑月未嘗褰袒。雖見內豎小臣。如遇嚴賓焉。

謚曰。武帝。廟號高祖。

釋鑑曰。因果之故嚴矣哉。仁慈之德大矣哉。東昏以武帝爲仇。終必致報。武帝道隆德重。東昏但能使其失國。不能復害其身。帝其以身示現。令兩義雙彰。爲天下萬世法者乎。元帝承聖元年壬申四月。景敗。尋伏誅。傳首江陵。暴屍於市。士民爭食之。并骨皆盡。

史官魏徵曰高祖固天攸縱聰明稽古道亞生知學爲博物允文允武多藝多才爰自諸生不羈之度屬昏凶肆虐天倫及禍糾合義旅將雪家寃曰紂可伐不期而會龍躍樊漢電擊湘郢剪離德如振槁取獨夫如拾遺其雄才大略固不可得而稱矣既懸白旗之首方應皇天之眷而布澤施仁悅近來遠開蕩蕩之王道革靡靡之商俗大修文學盛飾禮容鼓扇玄風闡揚儒業介冑仁義折衝樽俎聲振寰區澤周遐裔干戈載戢凡數十年濟濟焉洋洋焉魏晉以來未有若斯之甚也

念常曰魏徵公論梁武帝可謂天下仁人之言也而新唐史蕭瑀傳贊亦曰梁蕭氏興江左實有功在焉厥終無大惡以浸微而已故餘祉及其後裔以此驗徵公之論僉可詳矣然韓退之嘗曰梁武餓死臺城蓋謂其屛嗜欲絕午後食至臨終齋戒不衰在恣情豐美享用者視之近乎餓死耳

猶孔子稱伯夷叔齊。餓死首陽。其微意乃所以成其美焉。豈謂不得食而餓死哉。凡謂得失成敗。如魏徵公之言。乃春秋責備賢者之旨。得不爲萬世之公道哉。

梁昭明　　出梁史

蕭統武帝長子。卒謚昭明。五歲徧誦五經。天性好佛。於東宮立慧義殿。招天下名僧居之。凡佛經論。披覽略徧。撰諸註述。自出宮二十年。不畜聲樂。唯以法爲樂。

沈約　　廣弘明集

約字休文。不食酒。少嗜欲。居處儉素。仕至尚書僕射。嘗著懺悔文。對三寶前懺悔。其詞懇切。追自愧責。又著中食論一卷。謂一則勢利榮名。二則妖姸靡曼。三則甘旨肥濃。皆使心神昏惑。不能得道。故聖人禁此三事。復有千僧會願文。慈悲論。禮佛願疏。捨身等文。備載廣弘明集。

家訓歸心篇

北齊顏之推撰

三世之事。信而有徵。家素歸心。勿輕慢也。其間妙旨。具諸經論。不復於此少能讚述。但懼汝曹猶未牢固。略重勸誘耳。原夫四塵五陰。剖析形有。六舟三駕。運載羣生。萬行歸空。千門入善。辯才智慧。豈徒七經百氏之博哉。明非堯舜周孔老莊之所及也。內外兩教本爲一體。漸極爲異。深淺不同。內典初門設五種之禁。與外書仁義五常符同。仁者不殺之禁也。義者不盜之禁也。禮者不邪之禁也。智者不酒之禁也。信者不妄之禁也。至如畋狩軍旅讌饗刑罰。因民之性。不可卒除。就爲之節。使不淫濫耳。歸周孔而背釋宗。何其迷也。俗之謗者。大抵有五。其一。以世界外事。及神化無方。爲迂誕也。其二。以吉凶禍福或未報應。爲欺誑也。其三。以僧尼行業多不精純。爲姦慝也。其四。以糜費金寶減耗課役。爲損國也。其五。以縱有因緣而報善惡。安能辛苦今日之甲。利益後世之乙乎。爲異人也。又戒殺家訓云。儒家君子。尙離庖廚。見其生不忍其死。聞其聲不食其肉。高柴曾皙。未知內教。皆能不殺。此皆仁者自然用心也。含生之徒。莫不愛命。去殺之事。必勉行之。見好殺之人。臨死報驗。子孫殃禍。其數甚多。不能具錄耳。

陳武帝

諱霸先。字興國。仕梁。滅侯景有功。進位相國。封陳公進爵爲王。受梁禪。　辯正錄

永定元年。詔迎佛牙於杜姥宅。設四部無遮大會。二年。於揚州建東安、興皇、天宮等寺。五月。帝幸大莊嚴寺捨身。翌日表請還宮。設會供僧布施。放生。金陵七百餘寺。侯景焚蕩幾盡。帝悉令修復。譯經講道。詔寫藏經。造金銅佛像。度僧尼各若干。金陵。戰國楚威王時。以其地有王氣。埋金以鎮之。故曰金陵。

文帝

諱蒨。字子華。武帝兄。昭烈王長子。　廣弘明集

天嘉四年。於太極殿設無礙大會。行捨身法。修治故寺。寫經度僧。倍於前朝。

出帖

六 嘗製法華懺文。略曰。竊以前佛後佛種種因緣。已說當說。各各方便。莫非眞語。悉爲妙法。理無二極。趣必同歸。但品位分淺深。覺悟有遲速。法雨一味。得之者參差。法雷一音。聞之者差別。是以小乘頓教。由此各名。聲聞菩薩。因斯分路。至如鹿苑初說。羊車小乘。灰斷涅槃。分段解脫。以諸佛之善巧。會衆庶之根機。是曰半字。未稱三點。及夫會三歸一。返本還源。說大乘經。名無量義。滅化城於中路。駕寶車於四衢。衣裏明珠。隱而還現。髻中珍寶。於焉始得。出寶塔於虛空。涌菩薩於大地。現希有事。證微妙法。最勝最尊。難逢難值。弟子以因地凡夫。屬符負荷。欲憲章古昔。用拯黎元。所以憑心七覺。繫念四勤。住菩薩乘。顯無三之教。學如來行。開不二之門。汲引羣迷。導示衆惑。今謹於某處。建如千僧。藏法華懺。願多寶如來。從地涌出。普賢菩薩。乘象空來。並入道場。證明功德。總持性相。同道無生。宣帝。昭烈王次子。於揚州。建太皇寺。復造七級浮圖。詔僧朮滿五夏者。皆參律部。帝在位。造金銅佛像。寫藏經度僧尼。盛擬先朝。出釋鑑。

隋高祖

廣弘明集

詔曰。周朝廢寺。咸與修營。境內之人。樂道。任聽出家。帝謂靈藏律師曰。弟子是俗人天子。律師是道人天子。有離俗者。任師度之。由是度僧至數萬。帝大悅曰。律師化人爲善。弟子禁人爲惡。意則一也。初帝微時。遇梵僧以舍利一裹授之曰。檀越他日爲普天慈父。此大覺遺靈。與汝供養。及帝卽位。嘗與法師曇遷。置舍利掌中數之。或少或多不定。遷曰。諸佛法身過於數量。非世所測。帝始作七寶箱貯之。忽憶其事。詔曰。仰惟正覺大慈大悲。救護衆生。津梁庶品。皈依三寶。重興聖教。思與四海。共修福業。永作善因。同登妙果。召沙門堪宣道者三十人。各將侍者二人。散官一人。薰陸香百二十斤。分送舍利往岐、雍、秦、華等三十州建塔。期以十月十五日午時同入塔。後三十州表奏皆有瑞應。二年正月。復敕秦、陝、恆、杭等五十三州建塔。期以四月八日午時同入塔。並如前式。各有感驗。（詳載廣弘明集并王邵記）

王通（字仲淹）　　文中子集

隋大業十三年。通疾。聞煬帝被害。泫然而興曰。生民厭亂久矣。其或者將啓堯舜之運。吾不與焉。命也。通卒於家。門人諡曰文中子。弟子薛收等編集其言名中論。其周公篇曰。詩書盛而秦世滅。非仲尼之罪也。虛玄長而晉室亂。非老莊之罪也。齋戒修而梁國亡。非釋迦之罪也。或問佛。文中子曰。聖人也。

其教何如曰西方之大教也或問長生神仙之道文中子曰仁義不修孝弟不立奚爲長生

李士謙喻報說

出隋書

謙少喪父事母以孝聞其族伯父瑒每歎曰此兒吾家之顏子也善天文術數自以少孤魏廣平王贊辟開府參軍事隋有天下畢志不仕未嘗飲酒食肉口無殺害之言如此積三十年雅好舉止約以戒定有謂其修陰德士謙笑曰夫陰德其猶耳鳴唯已知之人無得而知者今吾所作仁者皆知何陰德之有善談玄理嘗有一客在座不信佛家報應之說士謙諭之曰積善餘慶積惡餘殃豈非休咎之徵耶佛經曰輪轉五道無復窮已此則賈誼所云

千變萬化。未始有極。忽然爲人之謂也。佛道未東。而賢者已知其然矣。至若緐爲黃能。杜宇爲鶗鴂。褒君爲龍。牛哀爲虎。君子爲鵠。小人爲猿。彭生爲豕。如意爲犬。黃母爲黿。宣武爲鼈。鄧艾爲牛。徐伯爲魚。鈴下爲烏。書生爲蛇。羊祜前身李氏子。此皆佛家變異形報之驗。客人曰。邢子才云。世有松柏化爲樗櫟。僕以爲然。士謙曰。此不類之談也。變化也由心業。豈關木乎。又問三教優劣。士謙曰。佛日也。道月也。儒五星也。客不能難而去。

念常曰。北史史官蔣沇等。記李君之事。詳悉如此。豈非心懷佛德。盡己之誠。不敢欺誣後之來者歟。士謙以日月星方三教。以其照明世界。運轉生靈。則一德也。是三者闕一。則安立不成。故易曰。乾道變化。各正性命。賢哉李君。吾見其深於性命之大原也。

楊素字處道

出統紀

素奇策高文爲一時之傑封越國公尊重佛法造光明寺嘗遊華嶽道觀見壁間畫像問道士曰此何圖也道士曰老子化胡成佛圖素曰承聞老子化胡胡人不受老子變身爲佛胡人方受是則佛能化胡道不能化何言老子化胡乎老子安用化胡爲佛何不化胡爲道道士不能對

唐高祖

舊唐史幷辨正錄

帝於朱雀門南街建道場設無遮大會又設千僧齋捨晉陽舊第爲興聖寺前後共建七寺又爲太祖元皇帝造栴檀像三軀以薦冥禍

太宗

舊唐史幷稽古略

貞觀元年正月。詔在京德行沙門。並各於當寺。行道七日。齋供所須。有司準給。二年。詔京城及天下。諸州寺觀。七日七夜。轉經行道。三年。詔曰。有隋失道。九服沸騰。朕親總元戎。致茲明罰。竊恐九泉之下。尙淪鼎鑊。八難之間。永纏冰炭。所以樹立福田。濟其魂魄。可於建義以來。交兵之處。爲義士凶徒殞身戎陣者。各建寺刹。招延勝侶。望法皷所震。變炎火於青蓮。淸梵所聞。易苦海於甘露。所司量定處所。並立寺宇。具爲事條以聞。稱朕矜哀之意。五年。於慶善爲慈悲寺。七年。敕禁堰塞取魚。幷斷屠殺。詔曰。天下諸州。有寺之處。宜度僧尼。數以五百爲限。其州有大小。地有華夷。當處所度多少。有司詳定。務取德業精明。其往因減省還俗。及私度白衣之徒。若行業可稱。通在取限。時天下寺三千七百餘所。度僧一萬七千餘衆。十五年五月戊辰。帝幸宏福寺。召大德道懿等五人。賜坐。諭以剏寺。爲專一追崇穆太后。言發涕零。懿及左右皆哽咽。逡巡自製疏。施絹二百疋。自稱皇帝菩薩戒弟子某。令回向罷。顧謂道懿等曰。頃以老子。是朕先宗。故令名位在前。師等應有恨耶。道懿曰。陛下尊祖宗。懿等蒙荷國恩。安閑學道。詔旨初下。咸皆懽悅。詎敢有恨。帝曰。尊祖重親。有生之大本。故先老子。以別親疎之序。非不留心於佛也。朕自有國以來。未嘗剏立道觀。凡有功德。竝歸僧舍。雖往日操戈臨陣。亦未始縱威濫殺。但所在戰場。皆立佛寺。至於太原舊第。亦以建寺奉佛。朕存心如此。師等想未諭也。道懿等遽起趨謝。帝曰。少坐。此是朕意。不述則人不知。天時向熱。寺宇未備。令所施可別造經寮。令衆僧寬展行道。十九年正月。玄奘法師自西域還。帝曰。師能委命求法。惠利蒼生。朕甚嘉焉。奘奏西域所獲梵本經論六百五十七部。乞就少林宣譯。帝曰。朕頃爲穆太后剏弘福寺。可就彼翻譯。敕房玄齡監護。資備所須。一出天府。二十年七月辛卯。法師玄奘表上新譯菩薩藏經。六門陀羅尼經。顯揚聖教論。大乘雜集論。凡五部。五十八卷。請帝爲聖教序。降手敕曰。省書具悉。雅意法師夙標高行。早出塵表。泛寶舟而登彼岸。搜妙道而闢度門。弘闡大猷。蕩除衆罪。朕學淺心拙。在物猶迷。況佛道幽微。豈能仰讚。側請爲序。非己所聞。奘重表請製。乃許之。手敕答曰。朕才謝珪璋。言慚博達。至於內典。尤所未聞。昨製序文。深慚鄙拙。穢翰墨於金簡。標瓦礫於珠林。忽得來書。謬承褒讚。循躬省慮。彌益厚顏。善不足稱。虛勞致謝。帝復覽新譯菩薩藏經。愛其辭旨微妙。因詔皇太子。撰菩薩藏經後序。十月。車駕還京師。敕有司。於北闕、紫微殿西南。剏弘法院。留奘居禁中。晝則陪御談論。夜分就院譯經。十二月。皇太子爲文德皇后捌大慈恩寺成。詔選京城宿望五十大德。各度侍者六人。入居新寺。是月丙辰。太子備寶車五十乘。迎諸大德。并綵亭寶刹數百具。奉安新獲梵夾諸經、及瑞像、舍利等。勅太常九部樂。及長安萬年音樂。京城諸寺花旛導引。入寺。帝御安福門樓。執爐致敬。經像過盡。始罷。皇情大悅。又斷賣佛道像。勅曰。佛道形像。事極尊嚴。伎巧之家。多有造鑄。供養之人。競來買贖。品藻工拙。揣量輕重。買者不計因果。止求賤得。賣者本希利潤。惟在價高。罪累時深。福報俱盡。違犯經教。並宜禁約。自今已後。工匠皆不得預造佛道形像鬻賣。其現成之像。亦不得銷除。各令分送寺觀。令寺觀徒衆。酬其價値。仍仰所在州縣官司檢校。勅到後十日使盡。帝依梵網經。故不許賣佛形像也。二十二年。上在春宮日。天陰。掌疼。問及左右。對曰。應是太子洞玄下針處。於是思報昊天。追崇福業。命有司擇地。爲母文德順聖皇后建慈恩寺。凡十餘院。一千八百九十七間。度僧三百員。敕奘三藏爲上座。盛事如碑所載。至今永徽三年。帝用七宮亡者衣物財帛而建帛塔於慈恩寺。其基四面各一百四十尺。倣西域制度。而有五級。并象輪露盤。高一百八十尺。層層中心。皆葬舍利。不啻萬顆。上層以石爲室。南面立碑。載二聖所製三藏聖教序記。乃尙書右僕射、河南公褚遂良筆也。是歲六月。帝幸坊州玉華宮。召奘法師至。帝曰。此日所譯何經。奘曰。近譯瑜伽師地論。帝覽之。謂侍臣曰。佛教廣大。若瞻天瞰海。莫測高深。九流典籍。如汀瀠方溟渤耳。世言三教齊致者。是妄談也。帝問奘曰。法門之益。何所宜先。對曰。弘法須人。度僧爲最。帝大悅。由是廣度僧尼。二十三年四月。帝幸翠微宮。法師玄奘陪駕。每談敘淵奧。帝必攘袂曰。與法師相値恨晚耳。未盡弘法之意。夏五月。帝不豫。帝執太子手曰。無忌、遂良在。國家事。汝無憂矣。是年崩于含風殿。年五十有三。

太史令傅奕。善天文歷數。在隋爲道士。甚不得志。太史令庾儉。恥於術官。薦奕以代。旣承命。得志。朝廷自武德貞觀年。爲太史令。性不信佛。凡七上疏請除佛法。高祖悟奕譽道毀佛。太宗以其疏付羣臣議。大臣皆曰。佛法興自屢朝。弘善遏惡。冥助國家。理無廢棄。蕭瑀曰。佛聖人也。而奕非之。非聖者無法。當治其罪。一日。太宗謂奕曰。佛道微妙。聖迹可師。且報應顯然。汝獨不悟其理。何也。奕曰。佛是西方桀黠。欺誑夷狄。及流入中國。尊尙其教。皆邪僻孅人。摸寫莊老玄言。飾其妖妄。無補于國家。有害於百姓。帝惡其言。不答。自是終身不齒。蕭瑀曰。地獄正爲此人設。李師政著內德論三篇。辯之。奕後臨終惡病。幷墮地獄。事俱出冥報記。今六道集已載。祥符常禪師曰。嘗慨資治通鑑言。貞觀中。有僧自西域來。善咒術。能令人立死。復咒之。令甦。太宗擇飛騎中壯者試之。皆驗。因以問傅奕。奕曰。此邪術也。臣聞邪不干正。請試咒臣。必不能行。令咒奕。奕初無所覺。須臾僧忽僵仆。遂不復甦。此必好事者曲爲之辭。何則。若使果有是。則僧非眞僧。咒非眞咒。正謂邪術耳。固不足以張吾教之疵也。而況斷無此理。彼自西域遠至長安。其術能死人而復甦。乃不暇自能衞其身。對常人無故而僵死。雖兒童莫之信也。又當時京城有大德僧慧乘、玄琬、法淋、明瞻諸公。其肯坐視僞僧破壞教門。不請峻治。乃留帝命傅奕辯耶。佛制戒律。雖春蹊生草。猶不許比丘踐之。恐害其生也。況肯說斷人命咒。傳於世乎。故余謂好事者曲爲之辭。斷可見矣。空谷曰。太宗明君也。豈不識破彼邪術乎。況貞觀初有道德高僧杜順和尚等十餘人。續有三藏玄奘法師、清涼觀國師、宣律師等。常居輦下。太宗朝夕聚話論道。無虛日。諸師明通五眼。學貫九流。擔荷佛法重任者也。何不破除邪術。而容其遲玩乎。

高宗

舊唐史幷高僧傳

永徽五年特旨度沙彌窺基爲大僧。顯慶元年。敕天下僧尼有犯國法者以僧律治之。不得與民同科。麟德元年二月。奘法師卒。帝哭之慟。輟朝三日。顧左右曰。朕失國寶矣。可謂痛心。敕準如來故事。歛以金棺銀槨。塔於滻水之東原。敕搜聚天下化胡經焚棄。不在道經之數。時洛京恆道觀柏彥道士等。奉表乞留。詔曰。三聖重光。玄元統敍。豈忘老敎偏意釋宗。朕志欲還淳。情存去僞。理乖事舛者。雖在親而亦除。義符名當者。雖有寃而必錄。自今道經有記及化胡事者。並宜削除。有司條爲罪制。（化胡經一百卷。晉道士王浮僞造。）

中宗

舊唐史幷傳燈統紀

神龍二年。降御札。召六祖入京問法。遣內侍薛簡。持詔迎請。祖表辭以疾。簡回奏。復遣使賜袈裟、瓶、鉢。以諭主上向慕之意。詔義淨三藏法師。於內道場譯孔雀諸經。御製聖教序。以冠經首。勑造聖善寺。八月。詔天下試行童經義。通者度爲僧。（試經度僧此始）景龍二年。勑崔思亮往泗洲。迎僧伽大師至京。帝及百僚皆稱弟子。睿宗問萬回禪師曰。僧伽何人。答曰。觀音化身。

玄宗

開元元年。勑以寢殿材。建彌勒佛殿。帝問神光法師曰。佛於衆生。有何恩德。

致捨君親。棄妻子。而師事之。神光曰。佛於衆生。恩過天地。明逾日月。德重父母。義過君臣。帝曰。天地日月。具造化之功。父母君臣。具生成之德。何以言佛並過此乎。神光曰。天只能蓋。不能載。地只能載。不能蓋。日則照晝不照夜。月則夜朗而晝昏。父只能生。不能養。母只能養。不能生。君有道則臣忠。君無道則臣佞。以此而推。德則不全。且佛於衆生德則不爾。論蓋則四生普覆。論載則六道俱承。論明則照耀十方。論朗則光輝三有。論慈則提拔苦海。論悲則度脫幽冥。論聖則衆聖中王。論神則六通自在。所以存亡普救。貴賤皆攜。惟願陛下留心敬仰。帝悅曰。佛恩如此。非師莫宣。朕當生生敬仰。十九年。御註金剛經頒行天下。天寶十二年。西番寇圍涼洲。帝命三藏不空祈陰兵救之。空誦仁王密語數遍。有神介冑而至。帝親見之。問曰。此何神也。空曰。北方毘沙門天王長子也。空誦密語遣之。數日涼州捷報。二月十一日。城東北雲霧間。有神兵至。威武雄盛。城北門樓有光明。空中鼓角聲震天地。西番賊畏懼。卷甲而去。帝悅。因敕天下城樓皆立毘沙門天王祠。梵語毘沙門。此云多聞長子。卽那吒太子也。今道士此太子帶骷髏立眞武側。非大彌天。眞武乃此方一神耳。

代宗

傳燈并通載

帝一日召國師慧忠入內。引太白山人見之。帝曰。此人頗有見解。請師驗之。師曰。汝蘊何能。山人曰。忝識山。識地。識字。善算。師曰。山人所居之山。是雄山是雌山。山人茫然不能對。師曰。識地。麼。山曰。識。師指殿上地問曰。此是何地。山曰。容弟子算方知。師曰。識字。麼。山曰。識。師於地上畫一畫曰。此甚麼字。山曰。是一字。師曰。土上一畫是王字。何謂一字耶。又問能算。麼。山曰。能。師曰。三七是多少。山曰。國師玩弟子。三七豈非二十一。師曰。却是山人弄貧道。三七是十。何謂二十一。復問。更有何能。山人答曰。弟子縱有。亦不敢向國師開口。師曰。縱汝有能。亦俱未是。師却謂帝曰。問山不識山。問地不識地。問字不識字。問算不解算。陛下何處得此惛漢來。帝問山人曰。朕有國位。不足爲寶。禪師乃國寶也。山人曰。陛下眞識寶者矣。帝嘗與國師在便殿。指天下觀軍容使魚朝恩謂師曰。朝恩亦解些子佛法。朝恩卽問師曰。何者是無明。無明從何起。師曰。佛法衰相今現。帝曰。何也。師曰。奴也解問佛法。豈非衰相今現。朝恩色大怒。師曰。卽此是無明。無明從此起。朝恩復抗聲曰。有人言師今是佛。得否。師曰。朝廷有人言汝是天子。果否。朝恩伏地曰。死罪死罪。朝恩實非天子。師曰。我不是佛。所以二尊不並化。朝恩曰。師長作凡夫。無成佛時耶。師曰。我向後必當作佛。汝姓什麼。朝恩曰。姓魚。師曰。我向後作佛。不名慧忠。汝向後若作天子。改卻姓。莫不姓魚否。朝恩伏地曰。死罪死罪。朝恩此去。實不敢向師論佛法。師謂帝曰。幾怕殺此奴。

永泰元年。詔天下有司。毋得捶辱僧尼。大歷元年七月。作盂蘭盆會於禁中。設高祖太宗以下七聖位。祈薦冥福。歲以爲常。道士史華。以術得幸。因請立刀梯。與沙門角法。時沙門崇慧。表請挫之。帝率百僚臨觀。華履刀而上。招慧登之。慧躡而昇。往復無傷。乃命以薪烈火聚於庭。慧入以呼華。華慚汗。不敢正視。帝大悅。賜慧號護國三藏。

德宗 代宗長子

統紀并清涼本傳

貞元二年。詔律師道澄入宮。爲妃嬪內侍。授皈戒。賜號大圓律師。四年詔迎

鳳翔法雲寺佛指骨入禁中供養傳至諸寺瞻禮十五年四月帝誕節敕有司備儀輦迎致授澄觀國師入內殿闡揚華嚴宗旨

韓愈

出韓子外傳

元和十四年正月帝遣中使杜英奇持香花往鳳翔府法雲寺護國眞身塔所請釋迦文佛指骨入內帝御安福門迎拜留禁中供養三日五色光現百僚稱賀乃送諸寺王公士庶奔走膜拜具釋部威儀及太常長安萬年音樂旌旛鼓吹偉盛殊特刑部侍郎韓愈上表陳諫引古言今稱帝壽國祚之不延永帝大怒持以示宰相將抵以死裴度崔羣曰愈言訐牾罪之誠宜然非內懷至忠安能及此願少寬假以來諫諍帝曰愈言我奉佛太過猶可容至

謂東漢奉佛已後。天子咸夭促。言何乖剌耶。愈人臣枉妄。敢爾。於是戚里諸王舊臣。皆爲愈哀請。遂貶潮州刺史。既至潮。聞大顛禪師之名。致書請入郡問道。書曰。愈啓。孟夏漸熱。數惟道體安和。愈弊劣無謂。坐事貶官到此。久聞道德。竊思見顏。緣昨到來。未獲參謁。已帖縣令具人船奉迎。日久佇瞻。愈白。又書曰。愈啓。海上窮處。無與話言。側承道高。思獲披接。專輒有此咨屈。此旬晴明不甚熱。倘能乘閑一訪。實謂幸也。不宣。又書曰。愈啓。慧匀至。辱答問。珍悚無已。所示廣大深迴。非造次可量。傳曰。書不盡言。言不盡意。然則聖人之意其終不可得而見耶。如此而論。讀來一百遍。不如親面對之。又曰。道無凝滯。行無繫縛。苟非所戀著。則山林閒寂與城隍無異。大顛師論甚宏博。而必守山林。不至州郭。自激修行。立空曠無累之地者。非通道也。勞于一來。安於所識。道故如是。不宣。於是大顛至郡。留師旬日。或入定數日方起。愈甚敬焉師辭去不久愈祀神海上乃登靈山造師之廬問曰弟子軍州事繁省要處乞師一句師良久不顧愈罔措時三平爲侍者乃敲牀一下師曰作麼平云先以定動後以智拔愈乃拜三平而謝曰和尚門風高峻愈於侍者處得箇入路師問愈曰子之貌鬱然似有不懌何也對曰愈之用於朝享祿厚矣一旦以忠言不用奪刑部侍郎竄逐八千里播越嶺海喪吾女孥及至潮陽颶風鱷魚患禍不測毒霧瘴氣日夕發作愈小多病髮白齒豁黜於無人之地其生詎可保乎愈之來也道出廣陵廟而禱之幸蒙其力而卒以無恙以主上有中興之功已奏章道之使東巡泰山奏功皇天徜有意於此則庶幾召愈述作功德而薦之郊廟焉愈早夜待之而未至冀萬一於速歸愈安能有懌乎顛曰子直言於朝也忠於君而不顧其身耶抑尚顧其身强言之以徇名耶且子生死禍福不懸之天乎子姑自修而外任命可也彼廣陵其能福

汝耶。一上今繼天寶之後。姦臣負國而討之不暇。粮餽雲合。殺人盈野。僅能克平。而瘡痍未瘳。方此之際。而子又欲封禪告功。以騷動天下。而屬意在乎己之欲。歸子奚忍於是耶。且夫以窮自亂。而祭其鬼。是不知命也。動天下而不顧以便己。是不知仁也。強言以干忠。遇困而抑鬱。是不知義也。以亂爲治而告皇天。是不知禮也。而子何以爲之。且子遺黜也。其所言者何事乎。愈曰主上迎佛骨入大內。愈以佛者。夷狄之一法耳。三代無佛而年祚永久。晉宋梁魏事佛。不夭且亂。恐主上惑於此。是以不顧其身而斥之。顧曰。若是則子謬矣。佛也者。蔭天人之大器。其道則妙萬物而爲言。其言盡性命之理。其敎則捨惡而趨善。去僞而歸眞。其視天下猶父之於子也。而子毀之。是猶子而刃父也。吾聞善觀人者。觀其道之所存。而不較其所居之地。桀紂之君。跖蹻之徒。皆中國人也。然不可法者。以其無道也。舜生東夷。文王生西夷由余生干戎。季札出於蠻。彼二聖二賢。豈可謂之夷狄而不法乎。今子不觀佛之道。而徒以爲夷狄。何言之陋也。以五帝三王之代。未有佛而長壽。則外丙二年。仲任四年。何其夭耶。以事佛之人主夭且亂。則漢明爲一代之英主。梁武壽至八十六。豈必皆夭且亂耶。且子嘗誦佛書。其疑與先王異者。可道之乎。愈曰。何暇讀彼之書。顚曰。子未嘗讀彼之書。安知不談先王之法言耶。佛與人臣言。必依於忠。與人子言。必依於孝。及其言之至。無方者也。無體者也。妙之又妙者也。今子自恃通四海異方之學。而文章磅礴。孰如姚秦之羅什乎。子之知來藏往。孰如晉之佛圖澄乎。子之盡萬物。不動其心。孰如梁之寶誌乎。愈默然良久。曰。不如也。顚曰。子之才。旣不如彼矣。彼之所從事者。而子反以爲非。然則豈有高才而不知子之所知者耶。今子屑屑於形器之內。奔走乎聲色利欲之間。少不如志。則憤鬱悲躁。若將不容其生。何以異於蚊虻爭穢壞淤糞之間哉。於是愈瞠目而不收。氣喪而不揚。反求其所答。忙然有若自失。逡巡謂顛曰。師之言盡於此乎。顛曰。吾之所以告子者。蓋就子之所能。而爲之言。非至乎此者也。曰。愈也不肖。欲幸聞其至者可乎。顛曰。誠爾心。甯爾神。盡爾性。窮物之理。極天之命。然後可聞也。爾去吾不復言矣。愈趣而出。秋八月己未。帝與宰臣語次。久之。因語及愈有可憐者。而皇甫鎛素薄愈爲人。卽奏曰。愈終疎狂。可且內移。帝納之。遂授袁州刺史。愈復造顛廬。送衣二襲。請別曰。愈也將去師矣。幸聞一言。顛曰。吾聞易信人者。必其守易改。易譽人者。必其謗易發。子聞吾言。而易信之矣。庸知復聞他說。不復以我爲非哉。遂不告。愈知其不可聞。乃去。至袁州。尚書孟簡知愈與大顛遊。以書詆愈。喜其改易信向。愈答書。稱大顛頗聰明。識道理。實能外形骸。以理自勝。不爲事物侵亂。因與之往還也。近世黃山谷。謂愈見大顛之後。文章理勝。而排佛之詞。

亦少沮云。詳見稽古略幷通載

愈常曰。舊史稱退之性愎訐。當時達官。皆薄其爲人。及與李紳同列。紳恥居其下。數上疏訟其短。今新史則以退之排佛老之功比孟子。嘉祐中有西蜀龍先生者。忿其言大過。遂擇退之言行。悖戾先儒者。條攻之。一曰老氏不可毁。二曰。愈讀墨子。反孟玷孔。若此類二十篇。行于世。及觀外傳見大顚之說。凡退之平生蹈僞于此疎脫盡矣。歐陽文忠公嘗歎曰。雖退之復生。不能自解免。得不謂天下至言哉。而荊國王文公亦曰。人有樂孟子拒楊墨也。而以排佛老爲己功。嗚呼。莊子所謂夏蟲者。其斯人之謂乎。道歲也。聖人時也。執一時而疑歲者。終不聞道。夫春起於冬。而以冬爲終。終天下之道術者。其釋氏乎。不至於是者。皆所謂夏蟲也。文公蓋宋朝巨儒。其論退之如此。則外傳之說。可不信夫。

懿宗

出舊唐史等

咸通十二年。賜知玄法師沉檀寶座高二丈餘。十四年。造綵旛花蓋。勅往鳳翔寺塔。迎佛指骨。四月八日至京。帝御安福門迎拜。入內瞻禮。羣臣有諫者。言。憲宗迎佛骨。尋卽晏駕。帝曰。朕生得之。死無所恨。帝每於禁中。設講席。自唱經旨。手錄梵文。而爲贊唄。憲宗時。北方天帝降夢。令中興佛法。帝不承命。愛服金丹。致藥性燥急。內豎畏誅而深宮祕邃。故有不測之禍也。

唐史贊曰。甚矣。至治之君。不世出也。禹有天下。傳十有六王。而少康有中興之業。湯有天下。傳二十八王。而其甚盛者。號稱三宗。武王有天下。傳三十六王。而成康之治。與宣之功。其餘無所稱焉。雖詩書所載。有時闕略。然三代。千有七百餘年。傳七十餘君。其卓然著見于後世者。此六七君而已。嗚呼可謂難得也。唐有天下。傳世二十。其可稱者三君。玄宗憲宗。皆不克其終。盛哉太宗之烈也。其除隋之亂。比迹湯武。致治之美。庶幾成康。自古功德兼隆。由漢以來。未之有也。至其牽於多愛。復立浮圖。好大喜功。勤兵於遠。此中材庸主之所常爲。然春秋之法。常責備於賢者。是以後世君子之欲成人之美者。莫不歎息於斯焉。

念常曰。君子謂立言之難。其實非難。特爲好惡所欺耳。如歐陽文忠公作太宗本紀贊。雖筆高語奇。傑出諸史。至貶太宗復立浮圖。好大喜功。勤兵於遠。類中材庸主所爲。而不取予。謂文忠責備之深。而爲好惡所欺也。方貞觀之世。天下昆蟲草木。咸被其澤。至於日月霜露所至之國。皆欵關而修職。直獨高麗莫離支叛逆阻命。太宗身任千載道德英雄之主。其背坐視之。留爲子孫憂而不少假經略乎。蓋其威德之盛。其勢之必然。非好大喜功之謂也。昔黃帝平蚩尤七十戰而勝。其亂高宗伐鬼方三年而後克。太宗舉偏師而陰山平。臨駐蹕而高麗服。然黃帝高宗經孔子而未嘗少貶。文忠特以爲太宗之疵。庸詎非責備之過歟。以太宗盛德大業如此。猶曲貶之。將恐後之君子。懷免貶之難。而無意於功名也。文忠徒欲高尙其事。而不知此亦自蹈好大之失矣。至於復立浮圖。乃所以和順道德而齊天地鬼神之心。以開濟天下後世之人。爲無窮之益也。文忠以爲不當。則是太宗暗於取舍矣。使太宗果暗於此。則當時房、杜、王、魏之流。亦因循尸祿而暗於取舍者哉。或曰。文忠慕韓愈爲人。故不得不爾。嗚呼。文忠何忍哉。慕人毁佛而兼棄太宗之道德。是不爲好惡所欺耶。孔子立名敎者也。老氏則非毁之。及孔子删禮。則曰吾聞諸老聃云。然孔子亦以人而廢言乎。亦若世情之好惡耶。況眞佛也者耶。聖凡本有之體。毀之乃所以自毀之也。詎傷於眞佛哉。嘗聞文忠一夕夢爲勇士數輩。攝至太宗之庭。太宗怒而責曰。吾文武勳烈如此。不能逃子之貶。何也。文忠震懼而寤。後欲追改之。而業已進書頒行矣。遂不克改。嘗慨然曰。平懷最難。此殆非偶然而云耳。出通載

空谷曰。孔子作春秋。太史公作史記。班固作西漢書。范曄作東漢書。陳壽作三國志。唐太宗作晉書。李延壽作南北史。魏徵作隋書。劉昫作唐書。司馬溫公。少微江公。皆作通鑑。鄭夾漈作通志。馬端臨作文獻通考。揭傒斯作宋史。李燾作宋鑑。曾子野作史略。宋景濂作元史。皆以天地之心爲心。是曰是。非曰非。不存私意。諸君史筆。如秉龍泉太阿。殺人活人。無偏無黨。佛法大道也。可尙不可排。苟或可排。則太宗諸子。已排之矣。奚待後世擅

其已意者曲排之也。

內德論

典儀李師政撰

若夫十力調御。運法舟於苦海。三乘汲引。坦夷途於火宅。勸善進德之廣。七經所不逮。戒惡防患之深。九流莫之比。但窮神知化。其言宏大而可驚。去惑絕塵。厥軌淸邈而難蹈。華夷士庶。朝野文儒。各附所安。鮮味斯道。自非研精以考眞妄。沈思而察苦空。無以立匪石之信根。去若網之疑蓋。遠則淨名妙德。弘道勝而服勤。近則天親龍樹。悟理眞而敦悅。羅什道安之篤學。究玄宗而益敬。僧叡慧遠之歸信。迄皓首而彌堅。邁士安之淫書。甚宣尼之翫易。千金未足驚其視。八音不能改其聽。聞之博而樂愈深。思之深而信彌篤。皆欲罷而不能則其非妄也必矣哉我皇誕膺天命弘濟區宇覆等蒼旻載均厚地掃氛祲清八表救塗炭寧兆民五敎敬敷九功惟敍總萬古之徽猷政百王之餘弊搜羅庶善崇三寶以淨梁芟夷羣惡屏四部之稊莠遵付囑之遺旨弘紹隆之要術功德崇高旻天罔喻但縉紳之士祖述多途各師所學異論蜂起或謂三王無佛而年永二石有僧而政虐損化由於奉佛益國在於廢僧苟明偏見未申通理博考興亡足證浮僞何則亡秦者胡亥時無佛而土崩興佛者漢明世有僧而國治周除佛寺而天元之祚未永隋弘釋敎而開皇之令無虐盛衰由布政治亂在庶官歸咎佛僧實非通論且佛唯弘善不長惡於臣民戒本防非何損害于家國若人人守善家家奉戒則刑罰何得而廣禍亂無由而作騏驥雖駿不乘無以致遠藥石徒豐未餌焉能愈疾項籍喪師非范增之無算石氏興虐豈浮圖之不仁但爲違之而暴亂未有

澄之而兇虐。由此觀之。亦足明矣。復有謂正覺爲妖神。比淨施於淫祀。訾而謗之。無所不至。聖朝勸善。立伽藍以崇福。迷民起謗。反功德以爲疣。此深訕上。非徒毀佛。愚竊撫心而太息。所以發憤而含毫者也。忝賴皇恩。預霑法雨。切磋所惑。積稔於茲。信隨聞起。疑因解滅。昔嘗苟訾而不信。今則篤信而無毀。近推諸己。廣以量人。凡百輕毀而弗欽。皆爲討論之未究。若令探賾索隱。功齊於澄什。必皆深信篤敬。志均於名僧矣。師政學匪鈞深。識不臻妙。少有所聞。微去其惑。謹課庸短。著論三篇。辯惑第一。明邪正之通蔽。通命第二。辯殃慶之倚伏。空有第三。破斷常之執見。聚之以羣言。考之以衆善。上顯聖朝之淨福。下折淫祀之虛誹。徒有斯意。實乏其才。屬詞鄙陋。援證庸淺。雖竭愚勤。何宣聖德。庶同病而未愈者。聞淺譬而深語也。如藩籬之卉。或蠲疾於腹心。藜藿之餐。儻救餒于溝壑。若金丹在目。玉饌盈案。顧瞻菲薄。良足陋矣。三篇

詳出廣弘明集

虞世南

出法帖并舊唐史

南字伯施。光祿大夫。貞觀八年。自立疏曰。弟子早年。忽遇重患。當時運心。差愈之日。奉設千僧齋。今謹於道場。供千僧蔬食。以其願力。希生生世世。常無病惱。七世久遠。六道冤親。並同今願。云云　其撰帝王紀略論曰。老子之義。谷神不死。玄牝長存。久視長生。乘雲駕鶴。此域中之教也。釋氏之教。空有不滯。入我兼忘。超出生死。此象外之談者也。有問梁武帝。熏修危亡。世南曰。釋教出世之津梁。絕塵之軌躅。運於方寸之內。超於有無之表。塵累既盡。攀緣已息。然後入於解脫之門。蓋以所修爲因。其報爲果。人有修布施、持戒、忍辱、精進、禪、定、智慧、六行皆多不全有一缺焉果亦隨滅是以醜明醜於貌而慧於心趙壹高于才而下於位羅褒富而不義原憲貧而有道其不同也如斯懸絕興喪得失咸必由之下士庸夫見比干之剖心以謂忠貞不可爲聞偃王之亡國以謂仁義不足法也若然者盜跖高枕於東陵莊蹻懸車於西蜀考終厥命良足貴乎後世南卒太宗夢見之因詔曰世南德行純備志存忠益奄從物化良用悲傷昨因夜夢倏覩斯人兼進讜言有若平生之舊可即其家造五百僧齋佛像一軀以資冥福以申朕思舊之意綱鑑只載太宗夢世南而爲彼資冥福竟不錄。又、凡王臣敬佛法語。皆削去之。惟載傅奕請除佛法之疏。豈當時諸大名儒之言論。不如一傅奕術官耶。作鑑者。不但毀佛。而且瞞心不志至於若是乎。又云。太宗本不信佛。惟順穆太后之心而已。然太宗凡所交兵之處。並建寺剎。樹立福田。爲義士囚徒。資其魂魄。有六七所。其破晉州。立慈雲寺。命褚遂良撰碑。破汾州。立弘濟寺。命李百藥撰碑。破鄭州。立等慈寺。命顏師古撰碑。破呂州。立普濟寺。命許敬宗撰碑。破洛州。立昭覺寺、命朱子奢撰碑。破洛州。廣平府。立昭福寺。命岑文本撰碑。其餘布滿天下。烏能掩人耳目。而謂順太后心可乎。盡信書不如無書。此之謂歟。

吳道子　　名畫記幷統紀

道子。陽翟人。初名道子。玄宗改名道玄。工畫。下筆有神。玄宗召入內供奉。於景公寺畫地獄變相圖。都人咸觀皆懼罪修善兩市屠沽不售。

張仲素　　舊唐史

素為翰林學士。憲宗敕素撰佛骨碑。略曰。岐陽法雲寺。鳴鸞阜。有阿育王所造之塔。藏佛指節。太宗特建寺宇。加之重塔。高宗遷之洛邑。天后薦以寶函。

中宗記之國史。肅宗奉之內殿。德宗禮之法宮。據本傳。必三十年一開。則玉燭調。金鏡朗。氛祲滅。稼穡豐。

柳宗元

全文載柳集

宗元。字子厚。河東人。少精敏絕倫。爲文章卓偉精緻。第進士博學宏辭科。貞元中。拜監察御史。送濬上人歸省序略曰。大覺氏之道。本於孝敬。而後積以衆德。歸於空無。其敎曰禪。曰法。曰律。上人專於律行。恆久彌固。其儀型後學者歟。誨於生靈。觸類蒙福。其積衆德者歟。覲於高堂。視遠如邇。其本孝敬者歟。撰南嶽大明律師碑略曰。儒以禮立仁義。無之則壞。佛以律持定慧。去之則喪。是故離禮於仁義者。不可與言儒。異律於定慧者。不可與言佛。送浩初上人序。略曰。儒者韓退之病予嗜浮圖言。訾予與浮圖遊。且曰。見送元生序不斥浮圖。浮圖誠有不可斥者。往往與儒教合。不與孔子異道。退之好儒未能過楊子。楊子之書。於莊墨申韓皆有取焉。浮圖者反不及莊墨申韓之怪僻險賊耶。吾之所取者與儒教合。雖聖人復生。不可得而斥也。退之所斥者其迹也。又曰。其教人始以性善。終以性善。不假耘鋤。本其靜矣。

李翺

傳燈幷本集

翺、字習之。後魏尙書左僕射冲十世孫。中進士第。元和初。爲國子博士史館修撰。嘗爲朗州刺史。仰慕藥山惟儼禪師道風。屢請不赴。乃特入山致敬。藥山端然看經。殊不顧視。翺乃云。見面不如聞名。拂袖便行。藥山却召翺。翺回首。山曰。何得貴耳賤目。遂頂拜起。問如何是道。藥山以手指天。復指淨瓶。翱曰不會。山云。雲在青天水在瓶。翱拜謝。乃呈偈云。鍊得身形似鶴形。千株松下兩函經。我來問道無餘事。雲在青天水在瓶。一夕師登山。忽雲開見月。大笑一聲。聲落澧陽八九十里。翱聞之。復寄偈曰。選得幽居愜野情。終年無送亦無迎。有時直上孤峯頂。月下披雲嘯一聲。翱嘗著復性三篇。其一謂情昏則性匿。忘情則復性。其二謂無思則寂照。其三謂昏而不思。終不明道。

庾承宣 于頔

舊唐史

登貞元八年第。與韓愈歐陽詹等同榜。號龍虎榜。嘗撰福州淨光塔銘。其序略曰。觀察使柳公監軍使魚公相與言曰。報君莫大於崇福。崇福莫大於樹善。樹善莫大於佛教。教之本其在浮圖歟。夫浮圖者上參諸天。下鎭三界。影之所蔭。如日月之照。破昏爲明。鈴之所響。如金石之奏。聞聲生善。如是之福盡歸人主。謀之既藏。相顧踊躍。食王祿者。樂於檀施。荷帝力者。悅之獻工。役無告勞。功用斯畢。皇帝嘉焉。賜額曰貞元無垢淨光之塔。于頔、字允元。貞元十四年。拜山南東道節度使。嘗問紫玉禪師。如何是黑風吹其船舫漂墮羅刹鬼國。師曰。于頔這客作漢。問恁麼事作麼。頔當時失色。師指云。秖這箇便是漂墮羅刹鬼國也。頔聞已信受。（出傳燈錄）

裴休丞相（字公美）　傳燈錄

休、操守嚴正。晝講經。夜著書。終年不出戶。蔬食擢進士。爲監察御史。宣宗嘗曰。休眞儒者。然好嗜浮圖法。始終不衰。公守宣城。入龍興寺。觀畫壁僧像。曰。儀容可觀。高僧何在。衆無對。休曰。此間有禪僧否。曰有運禪師。混迹灑掃。可問之。休延至。以前語問之。運朗聲曰。裴休。公休曰。諾。運曰。在甚麼處。休豁然契悟。遂延入府。朝夕問道。時有門人問公曰。敢問三界之言未立。人不知修行。不見因果。介景福者。不爲之少。洎斯教也。行乎中國。愚人畏罪損其惡。賢人望福增其善。增之不已。則至今當盡善矣。損之不已。至今當無惡矣。何昏迷暴虐無減於秦漢之前。福慧聰明不增於魏晉之後。歸之者殊途輻湊。立之者萬法雲興。宜使吾人盡昇覺路。不宜貴貴庶類。由古至今若斯之迷也。由之之用。庸非溺乎。公笑謂之曰。大明譬啓。法不齊備。聖人繼出。代天爲工。結繩畫卦。文質滋改。一聖立一法。生天道人事。顯若符契。夫燧人氏之未有火也。則天無火星。人無火食。龜無火兆。物無火災。必矣。少昊氏之未理金也。

則天無金星人無金用龜無金兆物無金災必矣及聖人攻木出火鍛石取金於是乎精芒主宰騰變上下則知世法時事隨聖人也考精神之源窮性命之表作大方便護於羣生羣生受之而不知蓋猶大道運行物以生茂皆謂自己孰知其然也於是問者廓然自得佛味及詔許立寺而宣城上民相鼓以萬請先立之於宣郭遂復新興寺焉休乃禮迎黃檗希運禪師至郡寓開元寺朝夕受法已巳三年休謁潭州華林覺禪師問有侍者否師曰有一兩箇休云在甚麼處覺乃喚大空小空二虎自菴後而至休驚懼師曰客在此且去二虎遂退覺嗣馬祖一禪師

魯山令

舊唐史

元德秀。字紫芝。河南人。少孤。事母孝。舉進士。謚文行先生。不忍去母左右。自負母入京。母亡。廬墓側。刺血寫佛經千言。絕筆感異香芬馥。彌日而息。食不鹽酪。藉無茵席。不肯婚。人以爲不可絕嗣。答曰。兄有子。先人得祀。吾何娶爲。初兄子襁褓喪親。無貲得乳媼。德秀自乳之。數日湩流。能食乃止。家貧。擢爲魯山令。歲滿。笥餘一縑。駕柴車還。愛陸渾佳山水。家無僕妾。歲饑。或日一爨。鼓琴以自娛。及卒。家唯枕履簞瓢而已。弟元結哭之。或曰。子哭過禮歟。結曰。大夫生六十年。未嘗識女色。未嘗有十畝之地。十尺之舍。十歲之僮。未嘗完布帛而衣。具五味而食。吾哀之。以誡荒婬貪佞綺紈粱肉之徒耳。

念常曰。凡諸史雜傳。俱未有卓行篇。唐史特設此題。載元魯山數人而已。觀魯山行己之操。唐史數千人中。嶄然傑出。顧不美哉。舊史稱其居母喪。刺血寫佛經數千言。絕筆感異香芬馥。彌日而息。而新史削之。夫魯山居喪所爲。出乎至誠。宋景文何嫌而削之。若謂惡求福於佛。佛固未嘗邀魯山。魯山自爲之而不疑。何佛之嫌。若以身體髮膚受之父母不應毀。則乳亦婦人之事。非男子有也。魯山尚能出乳以食兒之子。獨不當以血爲母寫經。何也。景文深存名教。然君子百行。殊途同歸。奚必靳靳然以儒釋歉載。出通載

孟簡答韓書

簡字幾道。元和中爲尚書。素好佛。韓愈與書。有云。積善積惡。殃慶自以類至。何有去聖人之道。從夷狄之敎。云云　簡答書云。來云。言積善積惡。殃慶自以類至。若是則釋氏辯之精詳。盡欲人積善耳。故迦文爲大士言六度爲中根

言十二因緣。爲小根言四聖諦。又云。依法不依人。假如飛廉惡來之所爲者。皆亡國滅身之道。故雖華夏。其可從乎。舜禹文王之所作。皆萬世受賜。故雖戎狄。其可斥乎。閣下徒以夷狄之說。辱聖賢之身。聖賢之身。必能忍辱。聖賢之法。其可辱乎。深所不取也。但閣下不奉卽已。區區毀黷。豈積善之云乎。彼楊墨老氏之書。其所述作。於理偏虛。非中道。要竊釋氏之敎。則不然。大明積惡之根源。覈天下神道報應之微細。皎然。言善惡之異路。爲廣其道。奈何韓君以愚人下俚翁嫗之情見待之耶。然其法行於世。使人人自長惡修善。豈不大助敎化之防歟。

李商隱

隱字義山詩文奇古其讚佛偈曰吾儒之師曰魯仲尼仲尼師明龍吾不知明師竺乾善入無爲稽首大覺吾師師師商隱慕悟達國師之道以弟子禮事之嘗苦眼疾乞達冥禱達寄天眼偈三章讀訖疾愈竺乾即天竺

非韓篇

藤州鐔津釋契嵩撰

敘曰非韓子者公非也質於經以天下至當爲之是非如俗用愛惡相攻必至聖至賢乃信吾說之不苟也其書三十篇僅三萬餘言今略錄其一二云

韓子與孟簡尚書書曰來示云有人傳愈近少奉釋氏者傳者之妄也潮州時有一老僧號大顛頗聰明識道理實能外形骸以理自勝不爲事物侵亂要自以爲難得因與往來及祭神至海上遂造其廬及來袁州留衣與之別

乃人之情。非崇信其法。求福田利益也。噫韓子雖强爲之言。務欲自掩。豈覺其言愈多。而其迹愈見。韓子謂大顛實能外形骸。而以理自勝不爲事物侵亂也者。韓子雖謂人情且爾。亦何免已信其法也矣。夫佛教至論乎福田利益者。止以順理爲福得性如法。不爲外物所惑爲最利益也。韓子與大顛游。其預談理論性。已厠其福田利益矣。韓子何不思以爲感。乃復云云。吾少時。讀大顛禪師書。見其謂韓子嘗問大顛曰。云何爲道。大顛卽默然良久。韓子未及諭旨。其弟子三平者。遂擊其牀。大顛顧謂三平何爲。三平曰。先以定動。後以智拔。韓子卽曰。愈雖問道於師。乃在此上人處得入。遂拜之。以斯驗韓子。所謂以理自勝者。是也。韓子雖巧說多端。欲護其儒名。亦何以逃識者之所見笑耶。大凡事不知卽已。不信卽休。烏有知其道之如此。信其徒之如是。而反排其師。忍毀其法。君子處心。豈當然乎。大顛者。佛之弟子也。佛者大顛之師也。夫弟子之道。固從其師之所得也。韓子善其弟子之道。而必斥其師猶重人子孫之義。方而輕其祖禰。孰謂韓子知禮乎。又曰積善積惡殃慶各自以其類至。何有去聖人之道。捨先王之法。而從夷狄之敎。以求福利也。此韓子未之思也。夫聖人之道。善而已矣。先王之法。治而已矣。佛以五戒勸世。豈欲其亂耶。佛以十善導人。豈欲其惡乎。書曰爲善不同。同歸於治。是豈不然哉。若其敎人解情妄。捐身世。修潔乎神明。此乃吾佛大聖人之大觀。治其大患。以神道設敎者也。其爲善抑又至矣。深矣。廣大悉備矣。不可以世道輒較也。孔子曰君子之於天下也。無適也。無莫也。義之與比。義也者理也。謂君子理當。卽與不專此。不蔑彼。韓子徒見佛敎之迹。不睹乎佛敎聖人之所以爲敎之理。宜其苟排佛老也。文中子曰。觀極讜議。知佛敎可以一矣。此固韓子之不知也。又曰。且彼佛者。果何人哉。其行事類君子耶。小人耶。若君子也。

必不妄加禍於守道之人。如小人也。其身已死。其鬼不靈云云。此乃韓子疑之之甚也。既未決其類君子小人。烏可輒便毀佛耶。其閭巷凡庸之人最爲無識。欲相詬辱也。猶知先探彼所短。果可罵者。乃始罵而揚之。今韓子疑佛未辨其類君子之長小人之短。便酷詆之。不亦暴而妄乎哉。幾不若彼閭巷之人。爲意之審也。謂佛爲大聖人。猶不足以盡佛。況君子小人耶。雖古今愚鄙之人。皆知佛非可類夫君子小人。而韓子獨以君子小人類佛。又況疑之而自不決乎。誠可笑也。又曰天地神祇。昭布森列。非可誣也。又肯令其鬼行胸臆作威福於其間哉。夫天地神祇。誠不可誣。固如韓子之言。但其欲賴天地神祇。不令鬼作威福。此又韓子識理不至也。苟自知其所知詣理。理當斥。斥之。理不當斥。則不斥。知明則不待外助。理當則天地自順。吾輩於事是非抑揚特資此矣。不類韓子外引神祇以爲咒矢而賴之也。易曰先天而天弗違。後天而奉天時。且弗違。況於人乎。況於鬼神乎。韓子之徒。何嘗彷彿見乎聖人之心耶。劉昫唐書。謂韓輩詆排佛老。於道未弘。誠不私也。史臣云。是非不謬也矣。又韓子讀墨。謂孔子必用墨子。墨子必用孔子。不相用不足爲孔墨。及與孟簡書。乃曰。二帝三王羣聖之道大壞。後之學者。無所尋逐。以至於今泯泯也。其禍出於楊墨肆行而莫之禁故也。韓子何其言之反覆如此。惑人而無準也。又韓子序送高閑曰。今閑師浮屠氏。一死生。解外膠。是其爲心必泊然無所起。其於世、必淡然無所嗜。韓子爲此說。似知佛之法眞與有益人之性命焉。夫一死生者。謂死猶生也。生猶死也。在理若無其生死者也。既見其理。不死不生。則其人不貪生而惡死也。夫解外膠者。自其性理之外。男女情汚。嗜欲淫惑。百端皆其謬妄也。謬妄已釋。死生既齊。故其人之性命。乃潔淨而得其至正者也。老子曰。清淨爲天下正。斯言似之。夫性命卽正。豈必在閑輩。待其死。而更生。爲聖神爲大至人耶。卽當世自眞。可爲正人。爲至行。既賢益賢。不善必善。而韓子不須與閑之言。其原道乃曰絕爾相生養之道。以求其所謂清淨寂滅也。夫清淨寂滅者。正謂導人齊死生。解外膠妄情著之累耳。以全夫性命之正者也。韓子爲書。不復顧前後。乃遽作原道。而後生未學。心不通理。視之以謂韓子之意正乎是也。遂循手迹以至終身。昧其性命。而斐然傲佛。不識韓子爲言之不思也。就使從閑而言。自閑釋氏之所由。非欲推其道爲益於世。意苟有益於世。而君子何不稱之。孔子曰。大人不倡游言。蓋言無益於用而不言也。謂韓子聖賢之徒。安得爲無益之言耶。將韓子雖謂文人。於道尚果有所未至乎。吾不知也。又韓子斥潮州。其女拏從之。適南層峯驛遂死。其後移葬。韓子銘其壙。恨其路死。遂至罵佛。因曰。愈之少。爲秋官。言佛夷鬼。其法亂治。梁武事之。卒有侯景之敗。可一掃刮絕去。不宜瀾漫夫華夏有佛古今賢愚雖匹夫匹婦莫不皆知佛非鬼知其法不敎人爲凶惡以亂政治而韓子獨以爲鬼亂治韓女自媿何關乎佛而韓子情泥私其女至乃戾古今天下之人褻酷乎不測之聖人誣毀其法尤甚列子謂西方之人有聖者焉不治而不亂不言而自信不化而自行蕩蕩乎民無能名焉非此謂三王五帝三皇之言聖者也宋文帝謂其羣臣何尙之等曰佛制五戒十善若使天下皆淳此化則朕坐致太平韓子叢蔽而固不省此言也余觀韓子之書見其不至若前之評者多矣始欲悉取而辯之近聞蜀人有爲書而非韓子者方傳諸京師所非謂有百端雖未覩乎蜀人之書吾益言之恐與其理重姑已劉昫唐書謂韓子其性偏辟剛訐又曰於道不弘吾考其書驗其所爲誠然耳欲韓如古之聖賢從容中道固其不逮也宜乎識者謂韓子第文詞人耳夫文者所以傳道也道不至雖甚文奚用若韓子

議論如此。其道可謂至矣。而學者不復考之道理中否。乃斐然徒效其文。而譏沮佛教。聖人大酷。吾嘗不平。比欲從聖賢之大公者。辯而裁之。以正夫天下之苟毀者。而志未果。然今吾年已五十者。且鄰於死矣。是終不能爾也。吾之徒。或萬一有賢者。當今天子明聖。朝廷至公。異日必提吾書貢而辯之。其亦不忝爾從事於吾道也矣。(浮屠即浮圖)

宋太祖

北山錄幷歐陽外傳疏

建隆元年正月。受周恭帝禪。詔以是年二月十六日聖誕。爲長春節。普度童行八千八。十二月詔於廣陵戰地。造寺曰建隆。賜田四頃。(出年錄。)初太祖目擊周世宗。鎔範鎮州大悲菩薩像鑄錢。太祖密訪厤衣和尚。問曰。自古有毀佛天子乎。麻曰。何必問古。請以柴官家。目擊可驗。世宗姓柴又問不知天下何日定。麻曰。甲子將大定。因問古天子毀佛法。與大周何如。麻曰。魏太武毀寺。焚經像。坑沙門。故父子不得其死。周武帝毀佛寺。籍僧歸民。未五年。遼榮風疹。北伐。年三十六崩於乘輿。國亦尋滅。唐武宗毀天下佛寺。在位六年。年三十二。神器再傳。而黃巢羣盜並起。太祖曰。天下久厭兵。毀佛法非社稷福。奈何。麻曰。白氣已兆。不逾數月。至甲辰。當有聖帝大興。興則佛門賴之。亦興。傳世無窮。請太尉默記之。及卽位。屢建佛寺。歲度僧人。二年。聖誕日。京師及諸郡縣咸令有德沙門陞座祝聖。永爲常準。三年。詔每歲試童行通妙法華經者。祠部給牒披剃。乾德四年。詔遣僧百人往西域求經。開寶元年九月。詔成都府造金銀字藏經。各一藏。敕兵部劉熙古監視。五年。敕刻佛經一藏。帝自用兵平列國。前後造金銀字經數藏。出稽古略八年。上自洛陽回京。手書金剛經。常自讀誦。趙普因奏事見之。上曰。不欲甲胄之士知之。但言常讀兵書可也。

太宗

國朝會要并統紀

太平興國元年。敕普度天下童子。三年。敕沙門贊甯修僧史。四月敕往明州阿育王山。迎眞身舍利塔入禁中供養。五年。敕造萬尊金銅文殊菩薩像。及普賢像高二丈。七年。詔立譯經傳法院于東京。如唐故事。宰輔爲譯經潤文。設官分職。西天中印土惹爛陀羅國密林寺天息灾、與法天、施護、譯經。帝製前序。詔普度天下童行爲僧。不限有司常制。自卽位至是。凡度一十七萬餘人。敕天下諸路皆立戒壇。凡九十七所。敕江甯府長干寺曰天禧塔曰聖感。帝註四十二章經。入藏頒行。（眞宗之世。西域僧貢梵典。度僧二十四萬人。）

仁宗

鄭景重家集

帝常頂玉冠。冠上琢觀音像。左右以玉重。請易之。帝曰。三公百官。揖於下者。皆天下英賢。豈朕所敢當。特君臣之分。不得不爾。朕冠此冠。將令同禮於大士也。嘉祐三年。契嵩禪師。進正宗記二十卷輔敎編三卷。定祖圖等書。帝覽其書。至謀道不謀名。爲法不爲身。歎愛其誠。賜其書入藏。出僧寶傳宸奎

英宗 仁宗之子

出統紀

治平二年。敕大相國寺。造三朝御製佛牙讚碑。翰林學士王珪撰文。太宗讚

曰。功成積刼即文端。不是南山得恐難。眼覩數重金色潤。手擎一片玉光寒鍊時百火精神滂。藏處千年瑩采完。定果熏修眞秘密。正心莫作等閑看。眞宗讚曰。西方大聖號迦文。按物垂慈世所尊。常願進修增妙果。庶期饒益富黎元。仁宗讚曰。三王掩質皆歸土。五帝潛形已化塵。夫子域中誇是聖。老君世上亦言眞。埋軀秪見遺空塚。何處將身示後人。唯有吾師金骨在。曾經百鍊色長新。那吒太子送佛牙與南山宣律師

徽宗

出普燈

宗甞三年。敕迎相國寺。釋迦如來牙。入內供養。隔水晶匣。舍利出如雨點。因製讚曰。大哉釋迦文。廬空等一塵。有求皆赴感。無刹不分身。玉瑩千輪在。金

剛百鍊新我今恭敬禮普願濟羣倫

呂蒙正 字聖功　出武庫

太宗淳化眞宗咸平間兩入相封許國公謚文穆微時窶甚嘗謁人有詩云十謁朱扉九不開滿身風雪又歸來入門懶覩妻兒面撥盡寒爐一夜灰有僧憐且奇之給其食彌月又盡乃令就居房廊隨僧粥飯遂得安心讀書獲薦僧復備裝遣之竟魁多士後執政十年郊祀俸給皆不請帝問其故對以私恩未報帝詰之以實對帝曰僧中有若人耶以恩俸與寄食之寺以酬宿德公嘗晨興禮佛祝曰不信三寶者願勿生我家願子孫世世食祿護持佛法公之姪夷簡簡之子公著並封申公皆知佛法（今世傳飯後鐘不但謗僧而且寃屈呂公不少）

楊億

山東都幷普燈錄

眞宗朝。謚文公。其撰淸規序有云。或有假號竊形。混於淸衆。致喧擾之事。擯令出院者。貴安淸衆也。或有所犯。卽以拄杖杖之。集衆燒衣鉢道具。遣逐從偏門而出者。示恥辱也。一不汚淸衆。二不毀僧形。三不擾公門。四不泄於外。四者同居。聖凡孰辯。且如來應世。尙有六羣之黨。況今像末。豈得全無。但見一僧有過。便雷例譏誚。殊不知輕衆壞法。其損甚大。且立法防姦。不爲賢士。然甯可格而有犯。不可有犯而無敎。吾儒不遵孔敎者尤多。僧有過不玷吾儒。吾儒不遵孔敎。自辱更甚。

顏之推曰。開闢以來。不善人多而善人少。何由悉責其精潔乎。見有名僧高行。棄而不說。若覩流俗凡僧。便生非毀。且學者之不勤。豈教者之爲過。俗僧之學經律。何異士人之學詩禮。以詩禮之教格朝廷之人。略無全行者。以經律之禁格出家之輩。而獨責無犯哉。且闕行之臣。猶求祿位。毀禁之侶。何慚供養乎。其於戒行。自當有犯。一披法服。已墮僧數。是三寶中人。歲中所計。齋講誦持。比諸白衣。猶不啻山海也。

王安石 字介甫

武庫及行錄編年

熙寧間。拜相封荆公。後罷相。歸建康。奏施舊第爲禪寺。請沙門克文住持。敕賜額曰報寧。賜文號曰眞淨。公問張方平曰。孔子去世百年。生孟子。後絕無人。或有之。而非醇儒。方平曰。豈爲無人。亦有過孔孟者。公曰何人。方平曰馬祖一。汾陽無業。雪峯存。巖頭奯。丹霞然。雲門偃。王公意未解。方平曰。儒門淡薄。收拾不住。皆歸釋氏。公欣然歎服。後以語張商英。商英撫几賞之曰。至哉此論也。熙寧間。公行青苗法。其子雱爲崇政殿說書。陰爲父佐。務新法必行。雱卒。公亦罷相。宴閒中。一如夢寐。見一使領雱。荷鐵枷號泣。公前謂獲譴由行青苗法。公問使者。乞解脫。使曰。建寺齋僧可免。由是捨宅建寺。爲薦冥福。熙寧八年。公復相。一日奏事退。上曰。佛法於中國有補乎。公曰。君子小人皆知畏而從善。豈小補哉。

青苗法。起自安石。而子受報何也。曰。安石初心。實欲利民。而不知民之弊。其子不達安石之心。而左佐之。故受其報。故君子不可而有私心焉。

統紀并通載

司馬光 字君實

元祐初拜相封温公謚文正嘗作解禪偈其序曰文中子以佛爲西方聖人信如文中子之言則佛之心可知矣今之言禪者好爲隱語以相迷大言以相勝使學者倀倀然益入於迷妄故予廣文中子之言而解之作解禪偈六首若其果然則雖中國亦可行矣其一曰忿怒如烈火利欲如銛鋒終朝常戚戚是名阿鼻獄其二曰顏回安陋巷孟軻養浩然富貴如浮雲是名極樂國其三曰孝道通神明忠信行蠻貊積善來百祥是名作因果其四曰言爲百世師行爲天下法久久不可掩是名不壞身其五曰仁人之安宅義人之正路行之誠且久是名光明藏其六曰道意修一身功德被萬物爲賢爲大聖是名佛菩薩公嘗書心經以贈僧復題其後略曰退之排佛而稱大顚外形體以理自勝要自胸中無滯礙由是觀之於佛不爲無得而所排者迹耳

温公不但不識禪而且不識孔子孔子曰吾欲無言又曰二三子以我爲

隱乎。吾無隱乎爾。豈亦好爲隱語。我釋迦如來。說法四十九年。而云。吾未嘗說著一字。末後拈花示衆。人天罔措。惟迦葉一人。契旨微笑。卽與正法付之。昔維摩示疾。文殊與諸賢聖。往問維摩。問諸大士。以何爲不二法門。諸大士各各答已。文殊問曰。仁者以何爲不二法門。維摩默言不答。所以至道無言。言生理喪。故古德云。口欲談而辭喪。心欲緣而慮忘。法華經云。是法非思量分別之所能解。一切聲聞緣覺菩薩所不能知。唯佛與佛乃能究盡。三乘賢聖尚不能測佛智。況凡情而能測度哉。故達摩西來。不立文字。直指人心。見性成佛。三教聖人本無言說。唯以悟明心性而已。奚拘文字語言乎。溫公以名言道理。而窺心性。誠未夢見在。所謂對醯鷄而談浩劫。向井蛙而言滄海。在鷄蛙知見。誠爲大言。參軍齊王巾作頭陀寺碑云。是以掩室摩竭。用啓息言之津。杜口毘耶。以通得意之路。陳瓘忠肅公云。釋氏曰。止止勿說。老氏曰。智者不言。孔氏曰。默而識之。此祖宗之所躬行。而非有言之士所能議哉。瓘。號了翁。石室論曰。温公廣文中子意作解禪頌六首。其卒章曰。言爲百世師。行爲天下法。爲賢爲大聖。是名佛菩薩。噫。文正公。繼孔孟荀楊。爲大賢者也。庸有不知佛哉。觀其頌。則文正公平生所爲。皆佛菩薩之心也。特禪之一法。雖吾門。亦標表以爲敎外別傳。自非積三二十年。息心絕慮。則莫能究其旨。謂人隱語大言。似是而實非也。何則。東皐子。猶以伏羲畫卦。泄道之密。漏神之機。分張太和。礫裂元氣。使知者不知。太朴散矣。矧不立文字之禪。直指人心。於語言形迹之表。詎可常程義理。而求其言說耶。是不獨文正公。文中子。楊孟諸賢。未暇留神。吾徒傳敎大法師輩。固有不知而興謗者。故先德云。千人萬人中。撈攎一箇半箇而已。夫豈易信也哉。

學士李屏山

出通載

屏山曰。蘇軾作司馬光墓誌云。公不喜佛曰。其精微大抵不出於吾書。其誕吾不信。嗟乎。聰明之障人如此其甚耶。同則以爲出於吾書。異則以爲誕而不信。適足以自障其聰慧而已。聖人之道。其相通也如有關顱。其相合也如有符璽。相距數千里如處一室。相繼數萬世如在一席。故孔子曰。西方有聖人焉。莊子曰。萬世之後。一遇大聖而知其解者。是旦暮遇之也。其精微處安得不同。列子曰。古者神聖之人。先會鬼神魑魅。次達八方人民。末聚禽獸蟲蛾。備知萬物情態。悉解異類音聲。其所敎訓無遺逸焉。何誕之有。孔子遊方之內。故六合之外存而不論。鄒衍、列禦寇、莊周、方外之士。已無所不談矣。顧不如佛書之縷縷也。以非耳目所及。光不敢信。既非耳目所及。吾敢不信耶。郭璞日者也。十年於晉室。若合符券。疑吾佛不能記百萬之多劫耶。左慈術士也。變形於魏都。皆同物色。疑吾佛不能示千百億之化身耶。長房壺中之遊。人信之矣。不信維摩丈室容三萬座。與納須彌於芥子中之說乎。邯鄲枕上之夢。人信之矣。不信多寶佛塔住五千劫耶。度僧祇如彈指頃之說乎。若俱不信。不知光亦嘗有夢否。瞑於一牀。栩栩少時也。山川聚落森然可狀。人物器皿。何所不有。俯仰酬酢於其間。自成一世。此特凡夫第六分離識之所影現者耳。其力如是。況以如來大圓鏡智。菩薩如幻三昧乎。學者當自消息之。毋虛名所劫持也。栩音許。栩栩忻暢貌。

歐陽修 字永叔

出諸集傳

嘉祐初。參大政。諡文忠。晚年卜居於潁。號六一居士。遊廬山。入東林圓通。謁祖印禪師居訥。修初至。訥揖就坐。相與論辨。修慕韓子有攘斥佛老之言。訥因謂曰。退之以排佛為功。自比孟子之拒楊墨。其好勝取名之甚。退之斥佛為夷鬼者。請略辯之。佛聖人也。降自兜率。託生中天聖王之家。何以夷稱佛之不生不滅。曠劫常存。人天宗仰。何以鬼稱。此非大慢之語乎。退之七世祖諱者。當後魏永興。自赫連屈丐來降於拓拔氏。由西戎而歸北狄。退之獨不為祖諱。而敢訕佛聖人乎。退之畏修史褒貶之禍。而不知訕佛之過為尤可畏。退之唱排佛老。足下今文和之。將使後世好名之士。援韓氏歐陽氏以為法。豈不為盛德之累。諺曰。善罵人者。人亦善罵之。足下著本論。孳孳以毀佛為務。安得眾口不毀公於天聽之前乎。足下之言。以蒐狩喪祭鄉社之禮為勝佛之本。是猶退之作原道論。而實未知道也。修驚赧謝曰。修胸中已釋然。師將何以見教。訥曰。佛道以悟心爲本。足下屢生體道。特以失念生東華。爲名儒。偏執世教。故忘其本。誠運聖凡平等之心。默默體會。頓袪我慢。悉悔昨非。觀榮辱之本空。了生死於一致。則淨念常明。天眞獨露。始可問津於此道耳。修自此有省。發及參大政。每譽訥於公卿之前。歲時書問未嘗絕。出歐陽外傳

韓琦以明教嵩禪師輔教編示公。公覽其文。謂韓公曰。不意僧中有此郎。不惟空宗通。亦乃文格高郎。黎明當一識之。琦同師往見。公與語終日大喜。出輔教編序

公昔官洛中。遊嵩山。却僕吏放意而往。至一寺。修竹滿軒。風物鮮明。公休於殿陛旁。有老僧閱經自若。與語不甚顧答。公異之曰。住山久乎。僧曰。甚久。又問誦何經。曰法華。公曰。古之高僧臨死生之際。類皆談笑脫去。何道致之。曰。定慧力耳。又問。今乃寂寥無有何哉。老僧笑曰。古人念念在定慧臨終

安得散亂。今人念念在散亂。臨終安得定。公大歎服。（出資治鑑）嘉祐六年閏八月公爲參政兼譯經潤文使。旣登三府。多病。嘗夢至一所。十人冠冕環坐。一人曰。參政安得至此。宜速返舍。公出門數步。復往問之。君等豈非釋氏所謂十王者乎。曰然。因問世人飯僧誦經。爲亡人追福。果有益乎。曰安得無益。旣寤病愈。自是深信佛法。丹陽葛勝仲得此說於簡齋陳與義。與義得於公之孫恕。昭然也。（出歐公狀及韻語陽秋）公居潁州。捐酒肉。徹聲色。灰心默坐。令老兵往近寺。借華嚴經誦。至八卷乃薨。（出王性之言。性之名銍。汝陰人。其父從學于公。故得其實。）

靜齋學士劉謐曰。歐陽文忠公。今之韓愈也。後世經生學士。不及詳考韓歐之是非。而徒倣韓歐之詆佛。凡唐人歸向佛敎而欽從敬信者。公則極其貶斥。其名卿賢大夫。多與禪衲遊。有機緣事跡者。公則憤憤削去而不書。鎧庵曰。君舉必書。故曰史。史者所以記當時失得之迹也。以故惡如弑君必書。醜如蒸母必書。豈以其醜惡而不之記耶。是知修史者。不沒其當時善惡之事。斯可爲信史也。昔范曄著漢書西域傳。始論佛法。陳壽志二國則忽而不錄。唐太宗修晉書。於沙門高行。時有所取。魏收於北史著佛老志。李延壽於南史作顧懽傳。凡帝王公卿毀讚佛老者。莫不悉載其於二教之偏正優劣。當年今日。未嘗不明識所歸。歐陽氏之修唐書、五代史也。於佛老之事則刪之。夫唐書。唐家之正史。非歐陽之私書也。假使不足法。論之可也。豈當以已所不好而悉刪之耶。是知無通識者。不足以當修史之任也。夫佛法之取舍。大較係乎人之好惡。韓歐司馬。始不好佛。遇事立言。必有詆訶。及退之問道於大顛。永叔聞法於圓通。君實廣文中子之言。而作解禪偈六首。可見矣。出統紀

周惇頤 字茂叔號濂溪諡元公

濂初扣黃龍南禪師教外別傳之旨。南諭濂略曰。只消向你自家屋裏打點。孔子謂朝聞道。夕死可矣。畢竟以何爲道。夕死可耶。顏子不改其樂。所樂者何事。但於此究竟。久久自然有箇契合處。濂一日扣問佛印元禪師曰。畢竟以何爲道。元曰。滿目青山一任看。濂擬議。元呵呵笑而已。濂脫然有省。有偈呈師。濂問東林總禪師。得竹林壽涯禪師、麻衣道者、二師心傳易學窮神極情。由是扣之。總諭濂其略曰。吾佛謂實際理地。卽眞實無妄。眞而無妄。卽誠也。大哉乾元。萬物資始。資此實理。乾道變化。各正性命。正此實理。天地聖人之道。至誠而已。必要著一路實地工夫。直至于一旦豁然悟入。不可只在言語上會。云云 橫渠曰。東林性理之論。惟我茂叔能之。濂問太極。總曰。易在先天。無形有理。蓋太極卽易也。無形之理。卽無極也。天地間只是一氣。進退而爲四時。以一氣言之。皆元之爲也。濂問太極圖之所由。總曰。竹林壽涯禪師。得國一禪師之心傳。其來遠矣。非言事物。而言至理。當時建圖之意。據吾敎中。依空立世界。以無爲萬有之祖。以無爲因。以有爲果。以眞爲體。以假爲用。故云。無極之眞。妙合而凝。濂諭學者曰。吾此妙心。實得啓廸於南老。發明於佛印。易道義理。廓達之說。若不得東林開遮拂拭。斷不能表裏洞然。該貫弘博矣。濂往潮州靈山。見韓子上大顚書。累幅併存。及留衣亭。故題詩曰。退之自謂如夫子。原道深排釋老非。不識大顚何似者。數書珍重更留衣。濂晚年悉屛文字。依東林敎人。惟務靜勝。終日端坐。於是靜中有得。道學性理之始。實倡於涯師。而至於總師。總以授周子。後村劉先生詩云。濂溪學得自高僧。又云。始知周孔外。別有英豪。濂傳太極圖於穆修。修傳於种放。放傳於陳摶。此其學之師也。蓋摶師於麻衣。今正易心法。是摶註麻衣。涯公之傳。東林總公廣之也。總公門人弘益有書曰紀聞云。性理之學。實起於東林涯總二師。總以授周子。後虞伯生亦云。宋儒惟濂溪康節二公。於佛書早有所得。出於行狀并指要

程顥 字伯淳。弟頤。字正叔。號伊川。

出雲蓋寺石刻

神宗朝。爲監察御史。諡曰明道。公深味華嚴合論。自謂有所心融意會。爲喜以其所由。書於雲蓋寺。公每見釋子讀佛書。端莊整肅。乃語學者曰。凡看經書。必當如此。今之讀書者。形容先自怠惰了。如何存主得。出性學旨要 明道以亡母壽安院君忌辰。往西京長慶寺修冥福。躬預齋席。見衆僧入堂。周旋步武

威儀濟濟伐皷鼚鐘內外肅靜一坐一起並準清規公歎曰三代禮樂盡在是矣（出弘益紀聞）伊川元豐末以通直郎授崇政殿說書入侍經筵嘗致書於靈源清禪師叩問禪要師答書略曰妄承過聽以知道者見期雖未一奉目擊之懽聞公留心此道甚久天下大宗匠歷叩殆遍乃猶以鄙人未見爲不足頃年間有聞先師言公見處今覽法要後序深觀信入眞實不虛也（出靈源語錄）

杜衍

出統紀

衍字世昌越州山陰人慶歷中拜相時號清白宰相封祁國公以張方平好佛常笑怪之有醫士朱生游二公門一日公呼朱診脈朱謂使者曰往白公言看楞嚴經未了及到揖坐謂曰老夫以君疎通不意近亦闖茸聖人微言

無出孔孟所謂楞嚴何等語耶。朱曰。公未讀此經。何知不及孔孟。因袖中出其卷。公觀之不覺終軸。大驚曰。方平知之不以告我。卽命駕見之。方平曰。譬如失物。忽已得之。但當喜其得。不必悔其晚也。

李遵勗 字用和　　出傳燈錄

探索宗要有年。頓明大法。偈曰。參禪須是鐵漢。著手心頭便判。直趣無上菩提。一切是非莫管。又讚佛詩云。仲尼推大聖。老氏稱古皇。天上及天下。庶更無比量。老子西昇經云。吾師古皇先生。化遊天竺。善入泥洹。符子云。老氏之師。名釋迦文。○佛不出家。爲金轉輪王。統四天下。隨輪飛行。名飛行皇帝。故云古皇也。

李覯 字泰伯

皇祐間。充太學說書。嘗著潛書。力於排佛。嵩公攜護教編謁之。覯方留心讀佛經。乃悵然曰。吾輩議論。尚未及一卷心經。佛道豈易知耶。

劉安世 字器之號元城　　鳴道集

元祐中。爲中書舍人。嘗曰。古今大儒。著論毀佛法者。蓋有說也。且彼尾重則此首輕。今爲儒佛弟子者。各主其敎。猶鼎足也。令一足人可乎。世之小儒。不知此理。見前輩或毀佛敎。亦從而詆之。以爲佛法皆無足取。非也。今士大夫多以禪爲戲。此事乃佛究竟之法。豈可戲而爲一笑之資乎。此亦宜深戒。乃

至云。世事有大於生死者乎。此事獨一味理會生死。有箇見處。則貴賤禍福輕矣。

護法論

丞相張商英無盡居士撰

孔子曰。朝聞道。夕死可矣。以仁義忠信爲道耶。則孔子固有仁義忠信矣。以長生久視爲道耶。則曰夕死可矣。是果求聞何道哉。豈非大覺慈尊。識心見性。無上菩提之道也。不然。則列子何以謂孔子曰丘聞西方有聖者焉。不治而不亂。不言而自信。不化而自行。蕩蕩乎。民無能名焉。列子學孔子者也。而遽述此說。信不誣矣。孔子聖人也。尙尊其道。而今之學孔子者。未讀百十卷之書。先以排佛爲急務者。何也。或曰。梁武一生奉佛。後致亡國喪身。何也。無盡。曰不明定業之人。誠爲可愍。昔日嵩嶽珪禪師云。佛有三能。三不能。佛能空一切相。成萬法智。而不能卽滅定業。佛能知羣有性。窮億劫事。而不能化導無緣。佛能度一切有情。而不能盡衆生界。是謂三能三不能也。今有心憤憤。口悱悱。聞佛似寇讎。見僧如蛇虺者。吾末如之何也已矣。且佛尙不能化導無緣。吾如彼何哉。議者皆謂梁武奉佛而亡國。蓋不探佛理者。未足與議也。國祚之短長。世數之治亂。吾不知其然矣。堯舜大聖。而國止一身。其禪位者。以其子之不肖。而後禪也。其子之不肖。豈天罪之歟。自開闢至漢明帝以前。佛法未至於此。而國有遇難者。何也。唐張燕公所記梁朝四公者。能知天地鬼神變化之事。了如指掌。而昭明太子亦聖人之徒也。且聖者以治國治天下爲緒餘耳。豈無先覺之明。而愼擇可行之事。以告武帝哉。蓋定業不可逃矣。嗚呼。定業之不可作也。猶水火之不可入也。其報之來。若四時之無爽也。如西土師子尊者。此土二祖大師。皆不免也。又豈直師子二祖哉。蓋修也者。改往修來矣。且宿業既還。已則將來之善。豈捨我哉。今夫爲女形者。實劣於男矣。遽欲奉佛而可亟變爲男子乎。必將盡此報身。而願力有待於後世乎。梁武壽高八十有六。不爲不多。以至病卒。不至大惡。但捨身之謬。以其先見禍兆。筮得乾卦上九之變。取其貴而無位。高而無民。以此自卑。欲圖弭災召福者。梁武自謬耳。於佛何有哉。但聖人創法。本爲天下後世。豈爲一人設也。孔子曰。仁者壽。而力稱回之爲仁。而回且夭矣。豈孔子之言無驗歟。蓋非爲一人而言也。梁武之奉佛。其類回之爲仁乎。抑又安知梁武前定之業禍不止此。由作善以損之。故能使若是之壽也。帝嘗以社稷存亡久近。問於誌公。公自指其咽示之。蓋讖侯景也。公臨滅時。武帝又復詢詰前事。誌公曰。貧僧塔壞。陛下社稷隨壞。公滅後。奉敕造塔。已畢。武帝忽思曰。木塔其能久乎。

遂命撤去。改創以石塔。貴圖不朽。以應其記。拆塔纔畢。侯景兵已入矣。至人豈不前知耶。如安世高帛法祖之徒。故來畢前世之對。不遠千里自投死地者。以其定業不可逃也。如晉郭璞亦自其知不免。況識破虛幻。視死如歸者乎。豈有明知宿有所負。而欲使之避。詎苟免哉。

武帝幸同泰寺。講金剛經。設無遮大會。太子、王侯、百官六百九十八人。義學沙門一千人。其餘僧尼居士五衆。及外國使人。三十一萬九千六百四十二人。又武衞宿値數萬人。同心聽受。先東儲請講。止許七日。諸僧欲罷不能。更延二七。而請益之衆。喁喁不已。乃終三七日。解講之辰。正殿大像忽放光明。左右菩薩。續復放光。帝躬虔禮。大衆咸矚。帝復於華林園、重雲殿。講金字般若三慧經。太子王侯。宗室外戚。百辟卿士。外域雜使。義學千僧。外國僧衆。莫不肅容觀聽。凡二十三日。宮中佛像。悉放光明。夜必澍朝則聲天地震動。異香滿觸。十種靈異。具載廣弘明集。此難詳錄。釋迦如來。往劫行菩薩道時。多生皆作國王。以十善化民。至於捨國城妻子如棄涕唾。有一生曾為長生國王。被鄰國梵授王奪國害身。臨終之際。猶囑太子。以怨報怨。怨終不除。唯有無怨而除怨耳。後梵授王還國與長生太子。武帝亦大菩薩。故其講經。感諸靈瑞。又願生生為僧。化度一切。寧在正法長淪惡道。不樂依老暫得生天。豈希一身一國。以失大願哉。鑑史謂武帝講佛經於同泰寺。老而餓死。何不畏天刑人禍。而乖剌之甚。臨終口苦。尚有蜜可索。而無飲食可得耶。時太子內宦侍側。何不先餓死。而至帝先死。雖三歲豎子。亦未之信也。先齊明帝次子名寶卷。字正嚴。即位與潘妃奢佚後宮。一年而庫匱。倍價買金與妃作金步蓮花。武帝時為司馬。和帝命司馬舉兵伐之。遂廢為東昏侯。而武帝既與東昏侯有深冤。若常人必有殺身之禍。豈但亡國而已。佛尚放光證其講經。豈不能救其橫禍。正以定業難逃。故無盡居士曰。安知梁武前定之業。禍不止此。由作善以損之。故能使若是之壽。誠哉是言也。言定業不可逃者。如來尚有金創馬麥之報。目連位登羅漢。被諸外道。打身如淤蘸。歸寺。衆僧謂曰。佛記汝神通第一。何不昇上虛空。連曰。業報既至。爾時神尚不見。何得有通。又迦留陀夷尊者。已證阿羅漢果。誓化一千家。夫婦俱證須陀洹果。以報佛恩。已化得九百九十九家。最後一家。其夫外出。婦與賊通。殺尊者。藏屍於馬糞堆裏。佛夜半入城。命王臣取出其屍。以香木焚之。建塔供養。豈佛知而不救。正以其定業難逃。尊者已證無生。以此最後身償之。如棄弊屣。佛乃爲僧俗說其宿因。又西域曇無讖法師。至北涼譯經。畢三月。知涼將滅。因辭西歸。蒙遜怒。密遣刺客。中路害之。讖出關時。謂送者曰。業期至矣。雖上聖不能逃也。

未幾。遜白日見鬼。以劍刺之。四月遜卒。國尋滅。讖亦安世高之儔。遠投死地。故佛常誡惡不可作。而說偈曰。假使百千劫。所作業不忘。因緣聚會時。果報還自受。倘報未定。作福可以禳之。或有餘堆。修善可以續之。如晉簡文帝。咸安年。慧星現。法曠法師。勸帝勤修德政。以賽天譴。帝乃齋懺。災星遂滅。又昔天台智者大師兄陳鍼。路遇張果。相其死在某月。大師教修方等懺法。後遇張果。駭曰。服何藥而至相易。鍼曰。惟修懺耳。果曰。若非法力所加。安能超死。竟延十五年而終。臨終生天。如沙彌渡蟻。得越夭年等也。

朱熹 號晦庵　　出朱子語錄并易解

理宗朝。贈太師。封徽國公。諡文公。公少年。不樂讀時文。因聽一尊宿說禪。直指本心遂悟昭昭靈靈一著十八歲請舉時從劉屏山屏山意其留心舉業暨搜其篋只大慧禪師語錄一帙耳公於竹林小軒誦佛經作詩曰端居獨無事聊披釋氏書暫息塵累牽超然與道俱云云公嘗致書於開善道謙禪師云向蒙妙喜開示應是從前記持文字心識計校不得置絲毫許在胸中但以狗子話時時提撕願受一語警所不逮師答曰某二十年不能到無疑之地後忽知非勇猛直前便自一刀兩斷把者一念提撕狗子話頭不要商量不要穿鑿不要去知見不要强承當公有省師卒公祭以文略曰我昔從學讀易語孟究觀古人之所以聖既不自揆欲造其風道絕徑塞卒莫能通下從長者問所當務皆告之言要須契悟開悟之說不出於禪我於是時則願學焉師出仙洲我寓潭上一領聞之但有瞻仰丙寅之秋師來拱辰乃獲從容笑語焚香日親一日請問此事師則有言決定不是始知平生須自苦

辛。去道日遠。無所問津。未及一年。帝以謗去。我以役行。不得安住。往還之間見師者三。見必款留。朝夕咨參。師亦喜我。爲說禪病。我亦感師。惟不速證。別其三月。中秋一書。已非手筆。知疾可虞。前日僧來。爲欲往見。我喜作書。曰此良便。書已遣矣。僕夫遄言。同舟之人。告以訃傳。我驚使呼。問以何故。於戲痛哉。何奪之遽。恭惟我師。具正遍知。惟我未悟。一莫能窺。揮金辦供。泣於靈位稽首如空。超諸一切。出資鑑

或問朱子曰。今士大夫晚年。都被禪家引去者。何故。答曰。是他高似你。你平生讀許多書。記誦文章。所藉以取功名利祿之計者。到者裏。都靠不得。所以被他降下。他底且省力。人誰不悅而趨之乎。王介甫平生學許多道理。臨了捨宅爲寺。又云。只緣他打併得心下淸潔。所以本朝李文靖公。王文正公。楊文公。劉元城。呂申公。都是甚麽人。也都去學他。又云。佛書說六根。六識。四大。十二緣生之類。皆極精妙。故前輩謂此孔孟所不

及。又曰。四大卽是魂魄。十二緣生。出華嚴合論。佛說本源。盡去世間萬事。後却說出實際理地。不受一塵。佛事門中。不捨一法。熹又曰金剛經大意只在須菩提問云何住。云何降伏其心。兩句上。故說不應住法生心。不應住色生心。應無所住而生其心。此是答云何住。又說若卵生。胎生。溼生。化生。我皆令入無餘涅槃而滅度之。此是答云何降伏其心。所謂降伏其心者。非謂欲遏伏此心。謂盡降伏世間一切衆生之心。入無餘涅槃。只是一無字。自此以後。只是者。意若見諸相非相卽見如來此謂離相卽名爲佛又曰釋氏之學與吾儒有甚相似處。如有物先天地。無形本寂寥。能爲萬象主。不逐四時凋。又曰。撲落非他物。縱橫不是塵。山河幷大地。全露法王身。又曰。若人識得心。大地無寸土。看他是甚麽見識。今區區小儒怎生出得他手。宜爲他揮下也。今時學者。盡被鑑史。宋儒知見。而牢籠住。孰能出得其範圍乎。所謂盡信書。不如無書。然則古之淳儒碩學。不及歐陽數人之知見耶。惟有智士。深察其病。始不墮彼坑塹。失却平生福善也。

屏山李居士鳴道集說序

中書員卿湛然居士撰

屏山居士。年二十有九。閱復性書。知李習之。亦二十有九。參藥山而退著書大發感歎。曰抵萬松。深攻亟擊。退而著書。會三聖人理性蘊奧之妙。要終指歸佛祖而已江左道學倡於伊川昆季。和之者十有餘家。涉獵釋老膚淺一二。著鳴道集。食我園椹。不見好音。竊香掩鼻於聖言。助長揠苗於世典。飾游辭。稱語錄。斅禪惠。如敬誠。誣謗聖人。聾瞽學者。噫。憑虛氣。任私情。一讚一毀。獨去獨取。其如天下後世何。屏山哀矜作鳴道集說廓萬世之見聞正天下之性命。張無盡謂大孔聖者。莫如莊周。屏山擴充。渺無涯涘。豈直不叛于名教。其發揮孔聖幽隱不揚之道。將攀附游龍騣騣乎。張無盡又謂小孔聖者。莫如孔安國。鳴道諸儒。又自貶屈。附韓歐之隘黨。其計孰愈乎尊孔聖與釋老鼎峙也耶。鳴道諸儒。鑽仰藩垣。莫窺戶牖。輒肆浮議。不亦僭乎。余參歷宗門堂室之奧。懇爲保證。固非私心昧誠之黨。如謂不然。報惟響影耳。屛山臨終出此書。付敬鼎臣曰。此吾末後把交之作也。子其祕之。當有賞音者。鼎臣聞余。購屛山書甚切。不遠三數百里。徒步之燕。獻的藁于萬松老師。轉致於余。余覽而感泣者累日。昔余嘗見鳴道集。甚不平之。欲爲書糾其蕪謬而未暇。豈意屛山先我着鞭。遂爲序引。以鍼江左書生膏肓之病。爲中原之士大夫有斯疾者。亦可發藥矣。念常曰。諸儒鳴道集。二百一十七種之見解。是皆迷眞失性。執相循名。起鬬諍之端。結惑業之咎。蓋不達以法性融通者也。屛山居士。深明至理。憫其瞽智眼于昏衢。析而倫之。以救末學之蔽。使壓詰棗柏再世。亦無以加矣。姑錄一十九篇。附於通載之左。○文備通載。

三教平心論

宋靜齋學士劉謐撰

孝宗皇帝製原道辨曰。以佛治心。以道治身。以儒治世。誠知心也。身也。世也。不容有一之不治。則三教豈容有一之不立。無盡居士作護法論曰。儒療皮膚。道療血脈。佛療骨髓。誠知皮膚也。血脈也。骨髓也。不容有一之不療也。如是則三教豈容有一之不行焉。世之學儒者。到收因結果處。不過垂功名也。世之學道者。到收因結果處。不過得長生也。世之學佛者。到收因結果處。可以斷滅生死。究竟涅槃。普度衆生。俱成正覺也。其優劣豈不顯然可見哉。故嘗試譬之。儒教之所行者。中國也。道教之所行者。天上人間也。佛教之所行者。盡虛空遍法界也。儒猶治一家。威令行於藩牆之內。若夫藩牆之外。則不可得而號召也。道猶宰一邑政敎。及於四境之中。若夫四境之外。則不可得而控制也。佛猶奄有四海。爲天下君。溥天率土。莫非臣民。禮樂征伐。悉自我出也。此三敎廣狹之辨也。學儒者。死而後已。蓋百年間事也。學道者。務求長生。蓋千萬年也。學佛者。欲斷生死。湛然常住。蓋經歷塵沙刧數。無有窮盡也。儒猶一盞之燈。光照一夕。鐘鳴漏盡。則油竭燈滅也。道猶阿闍世王作百歲燈。照佛舍利。經百歲已。其燈乃滅也。佛猶皎日照耀。萬古常明。西沒東升。循環不息也。此三敎久近之辨也。明道曰。佛老其言近理。又非楊墨之比。所以爲禍害甚於楊墨之害。抑不思萬形皆有弊。惟理獨不朽。旣曰近理。而復謂其爲害可乎。明道曰。釋氏之說。若欲窮其說而去取之。則其說未能窮。固已化而爲佛矣。明道於此。始知釋氏之說。非儒者所能窮也。晦菴曰。就使其說有實。非吾儒之說所及者。是乃過乎中正。而與不及者無以異。晦菴於此始知釋氏之說。非儒者所能發也。夫釋氏之說。既非儒者所能窮。亦非儒者所能及。孰謂其可毀哉。韓愈毀之。不知佛者也。先儒毀之。傚韓愈者也。嘗於韓愈別傳。見其與大顚答問甚詳。不知何者爲可非。何者爲可毀乎。見聞不廣。而妄肆非毀。是不免爲舜犬妾婦而已矣。張無盡曰。韓愈謂所史者。不有人禍。則有天刑。豈可不畏懼而輕爲之。夫作史者。採摭人之實迹。設或褒貶不公。尙有刑禍。況無故輕薄以毀大聖人哉。一切重罪。皆可懺悔。謗佛法罪。不可懺悔。故法華經中。載謗法之罪。至極至重。今人只是謗佛。已種無量罪因。況佛以善道化人。信佛者必爲善。不信佛者必爲惡。惡積則滅身。身歿之後。罪報愈重。天作孽猶可違。自作孽不可逭。此之謂也。愈又曰。其身死已久。枯朽之骨。凶穢之餘。豈宜以入宮禁。蓋以佛身之舍利。而比凡庶之朽骨。何其無忌憚。一至此哉。涅槃經曰。爾時世尊以大悲力。從心胸中。火湧棺外。漸漸闍維（焚化）碎金體。成末舍利。以是知佛骨者。佛之舍利也。秀州精嚴院有一舍利。一日行道。一日入定。行道者。旋轉不息。入定者。寂然不動。嵩禪師作行道舍利記。蓋以其道之驗也。九流百家。紛然謂之道。則與佛未始異也。稽其驗則天下無有也。競尊其師。謂佛不足與其聖賢校。及其死也。不數日而形腐不百年而骨朽。其神則漠然烏有乎恍惚。豈其道亦有未臻於佛者乎。然舍利之見乎天下者。古今多矣。有盤空而翔者。有無端而至者。發光而並日月者。不可鬪者。不可碎者。若此行道晝夜振之而不息。天下未始見也。捧其塔而敬之。則金鐸益轉。若與人意而相應。異乎美哉。然則舍利之神奇若此。而以之比凡骨可乎。列子曰。生則堯舜。死則腐骨。故雖褒稱嘉美。以爲大而化聖而不可知者。俱不免乎腥臊臭穢。與草木同腐也。其能若佛骨之更數千載。而神奇特異。與世爲祥爲福者耶。張無盡居士。初問大慧禪師曰。堯舜禹湯。皆聖人也佛竟不言之何耶。師曰。堯舜禹湯比梵天帝釋有優劣否。士曰。
堯舜禹湯。豈可比梵王帝釋。師曰。佛以梵王帝釋爲凡夫。餘可知矣。公乃擊
節。以爲高論。由是觀之。則堯舜禹湯不及梵王帝釋遠矣。而梵釋猶爲凡夫。
自堯舜禹湯至於文武周公孔子。儒家皆以聖稱也。彼伯夷伊尹柳下惠各
以一善自著者。亦謂之聖也。而羣聖之中。必有大者焉。宰我曰。以予觀於夫
子。賢於堯舜遠矣。子貢曰。自有生民以來。未有盛於孔子也。是孔子者儒家
之大聖人也。然佛又聖中之聖也。佛自修因於億劫。而證果於今生。六度萬
行。罔不齊修。恆沙功德。皆悉圓滿。列子援孔子之言曰。丘聞西方有大聖人。
不治而不亂。范蔚宗著西域論曰。彼土靈聖之所降集。賢懿之所挺生。裴休
曰。佛爲大聖人。其教有不思議事。疊而觀之。則世之所謂聖人者。孰有過於
佛哉。彼不信佛而謗佛者。生爲愚人。死爲愚鬼。捨身受身。愈趨愈下。善擇術

者果如是乎。程頤儒者也。其論佛也。則以爲邪誕妖異之言。塗生民之耳目。蓋佛之說無涯。而頤之見有限。對醯雞而談浩刧。宜其以邪誕妖異目之也。然頤亦嘗反而思之乎。邪誕妖異。於儒教則有之。易曰。見豕負塗。載鬼一車。詩曰。天命玄鳥。降而生商。史曰。甲申乙酉。魚羊食人。傳曰。齊侯見豕人立而啼。至于神降于莘。石言於晉。魏顆見老人。狐突遇申生。謂之邪可也。謂之妖可也。謂之異可也。詩曰。帝謂文王。予懷明德。夫天不言也。久矣。偶有言焉。人烏得而聞之。今也予懷之語。若見其口耳之相接。不謂之誕可乎。因程頤邪誕妖異之謗。而求儒家邪誕妖異之實。蓋有不可得而掩者。今取議佛者觀之。唐有傅奕者。精術數之書。掌司天之職。前後七上疏。謗毀佛教。時有李師政者。著內德論。夫以傅奕而肆誣謗之言。以師政而著辨惑之論。是非曲直坦然明甚。萬世之下。可以觀矣。厥後有韓愈者。其見猶傅奕也。原道佛骨其作奕之章疏也。奕謗佛於前。即有師政以辨其惑。愈謗於後。曷爲無人以議其非。蓋奕爲太史令。特藝者耳。愈以文章顯。乃儒者也。藝者之言。夫人固得與之辨是非。儒者之論。世俗每不敢以致可否。吾則曰。言之而當理。雖非儒而可遵。言之而涉誣。雖果儒而可辨。愈不明吾道一貫之理。可不明而辨之。使其言之誤後世乎。愈又曰。臣雖至愚。必知陛下不惑於佛。孔子曰。智者不惑。謂天下之可惑者。皆愚者也。智者既明且哲。洞燭是非。凡所作爲。必眞見其理之可爲而後爲之。以明主而奉佛。謂之受惑。不可也。若憲宗者。聰明果決。得於天性。是豈愚者。豈是易惑者乎。非特憲宗爲然也。唐世人主。如太宗之聰明英武。由漢以來。未之有也。而其篤信佛教。始終如一。而太宗之奉佛。尤不止如憲宗之迎骨也。是豈爲佛所惑乎。使太宗果愚而受惑。則當時房、杜、王、魏。直言無隱。胡爲不諫。不惟不諫。其奉佛也。若房梁公玄齡。則相與命玄奘譯經。杜萊公如晦。則以法尊京兆玄琬法師。其欽崇歸向之心。君臣同一德。又不惟房杜二公爲然也。宋璟剛介爲唐朝第一。則以佛法師于曇一。斐晉公以身繫天下安危。則執弟子禮於徑山法欽。大節忠於國家。死而不變者。孰若顏魯公。則以戒稱弟子于湖州慧明。問道於江西嚴峻。至于張說撰心經之序。孟簡結塵外之交。杜鴻漸、參無住之禪。權德輿、著草衣之記。彼諸聖賢。皆表表然不世出者。使佛教果能惑人。亦安能惑如是之聖賢耶。唐之君臣。決非受惑。而愈之惑亦甚矣。雖然愈之惑不足論也。而其惑天下後世則非細故也。蓋愈以儒自負。經生學士。視之如泰山北斗。愈之所是從而是之。愈之所非從而非之。誰復詳審諦察。雖其文章高天下。何足道乎。周子通書曰。不知務道德。而以文辭爲能者。藝爲而已矣。由是言之。則愈與奕等。皆藝者耳。孰謂愈得爲儒哉。愈曰。佛者夷狄之一法。彼徒見佛法來自西域。遂從而夷之。殊不知佛生於天竺。而中天竺爲南贍部洲之正中。是佛家因以彼爲中也。後漢書曰。佛道神化興自身毒。其國則殷乎中土。玉燭和氣。是儒家亦以彼爲中國也。由是知此固一中國也。而彼亦一中國也。而謂之夷可乎。愈之見但知四海九州之內爲中國。四海九州之外爲四夷。外此更無去處矣。豈知四夷之外。復有非夷者哉。愈之見。坐井觀天之見也。不然。北史所載大秦國者。去幽州數萬里。而居諸夷之外。其國衣冠禮樂。制度文章。與中華同一般盛。故號曰大秦。而與大漢齒。由是觀之。則四夷之外。固有中國。而漢書以身毒爲中國。信不誣也。井蛙不足以語海。固非愈之所能知也。大秦。身毒。即天竺也。原道謂老子道其所道。非吾之所謂道。其師說乃謂孔子師老聃。審如是。則孔子之道。乃出於老氏之道。亦可謂之道其所道也。與孟簡書謂羣聖之道大壞。其禍出於楊墨。其讀墨子。乃謂孔墨相爲用。審如是。則孔子之道。本同乎墨氏之道。亦可謂之壞羣聖之道乎。夫老也。墨也。異端之道也。愈既詆排之矣。而乃指孔子以爲老。又指孔子以爲墨。不亦叛孔子之甚乎。學孔子而叛孔子。猶陳相之背師。逢蒙之射羿也。後世經生學士以愈詆佛爲可傚。則愈之叛孔子。亦可傚乎。抑愈雖詆佛而又取於佛。其作馬彙行狀也。則取其刺血寫佛經。且詆之而且取之。既非之而又是之。愈可謂不常其德者矣。蓋愈之中心。初無定見。是非取捨。莫知適從。故肆口所言。隨時遷就。前不顧後。後不顧前。而不復慮其遺臭於萬世也。識者於此。毋以私心論。毋以愛憎之心論。試平其心而評之。則愈之爲人也。果君子乎。抑小人乎。果儒者乎。抑非儒者乎。傅奕本是道門。起家貧賤。投僧乞貨。不遂所懷。蓄憤致嫌。故七上疏。大慧禪師答無盡居士。可謂言簡而義彰矣。宗本禪師曰。書云。士希賢。賢希聖。聖希天。天中至尊。無非玉帝。玉帝比聲聞羅漢。猶吏比狀元。況佛乎。佛乃菩薩、緣覺、聲聞、之師。是爲諸聖之師也。或問仙道比佛道何如。答神仙尚受玉帝控制。豈可比於佛也。況以仙道難修。又有墮落之日。佛道易學。永無退轉之時。楞嚴經有十種仙報盡還墮諸趣。故洞賓棄却瓢囊。而歸依於黃龍禪師也。帝釋。儒云上帝。道云玉帝。俗云天帝。是欲界忉利天主。梵語具云釋提桓因。華言能天主。謂能爲三十三天主。昔姓憍尸迦。進迦葉佛舍利塔。三十二人助修。俱生忉利天。帝釋爲君。三十二爲臣。共爲三十三天。梵王是色界天主。居欲界之上。菩薩是大乘聖人。緣覺是中乘聖人。聲聞羅漢是小乘聖人。

元世祖

弘教集幷通載

庚申即位。大赦普度僧尼。二年賜僧子聰幷懷孟刑州田各五十頃。賜慶壽寺陸地五百頃。三年大作佛事於昊天寺七晝夜。賜銀一萬五千兩。至元元年。都燕設會度僧。詔國師扮彌登座。授祕密戒。帝印大藏經三十六藏。遣分賜天下。普令得瞻佛日。帝自有天下。寺院田產二稅。盡蠲免。普令緇侶安心辦道。帝召羣臣曰。朕以本覺無二眞心治天下。如觀海東靑取天鵝心無二故。一日。上問帝師曰。施食至少。何能普濟無量幽冥。帝師曰。佛法眞言力。猶如飮馬珠。上問帝師云。修寺建塔。有何功德。答云。福蔭大千。由是建仁王護國寺。帝命帝師齋。竟天雨金花。繽紛而下。帝曰。何故有此祥瑞。答云。陛下心花內發。天雨金花讚歎。蜀僧元一。遊西天回。持佛鐵鉢獻帝。帝悅寶之。帝詔偏天下每歲中行布施。度僧讀大藏經。隨處放光現瑞。禎祥不一。帝一日問衆臣每日還有放閑也無。衆臣無對。帝乃袖中出數珠示之。由是內外百官皆歸至善。帝見僧有過。不加王法。止令閱經懺悔。帝禦北征。護神現身陣前。怨敵自退。宋主以王位來歸。學佛修行。帝大悅。命削髮爲僧寶。爲宋太后削髮爲尼。誦經修道。帝深加敬仰。四事供養。帝以金爲泥。命僧儒繕寫大藏經一藏。貯以七寶琅瑚。流傳後世。一日帝以佛鐵鉢取食前珍味。碎置鉢中內外侍臣數滿千人。各賜一粒。普令得沾如來鉢中之禪悅。又外邦貢佛舍利至。帝曰不獨朕一人得福。乃令於城南彰義門建塔。普使往來皆得頂戴。初帝居潛邸時。聞西國有律理僧道德。願見之。遣使往請于廓丹大王。王謂使者曰。師已入滅。師有姪發思巴。此云聖壽深通佛法。請以應命。既至都。旬日卽乞還西。帝曰。願爲朕留。當求戒法。尋禮爲國師。王公咸稟妙戒。詔居五臺壽甯寺。壬申留京師。初天兵下襄城。居民請眞武降筆云。有大黑神領兵西北方來。吾亦當避。於是列城望風款附。兵不血刃。至於破常州。多見黑神出入居民。罔知故實。詢知乃摩訶葛剌神也。蓋師祖父七世事神甚謹。隨禱而應。此助國之驗也。有旨建神廟于涿水之陽。神像威嚴。凡水旱蝗疫。民禱輒應。壬中年。遣使詔師問曰。海都軍馬犯西番界。師於佛事中能退降否。奏曰。但禱摩訶葛剌。自然有驗。復問曰。於何處建壇。對曰。高梁河西北甕山有寺。僻靜。可習禪觀。勅省府供給嚴護。於是建曼拏羅依法作觀。未幾捷報至。上大悅

世祖在位三十五年。壽八十。有實錄百餘篇。字字句句以弘教爲己任。國語曰。薛禪皇帝。摩訶葛剌。亦作摩訶迦羅。此云大黑神。斯乃大天之將。手把金囊。事之。能令財寶豐盈。故天竺僧寺庫中。塑像奉事。余今令鼎湖。象林。二處皆塑像事之。剌音辣囉。轉舌道之二字同一音也。曼拏羅。此云壇。

成宗 世祖之孫。裕宗第三子

元史幷通載

帝卽位。詔悅堂禪師至闕。入對稱旨。賜號通慧。幷金襴法衣。於五臺山建寺。賜曰萬壽祐國寺。武宗順宗長子。卽位。發軍千五百人。修五臺佛寺。又施銀

七百五十兩。鈔二千二百錠。幣帛三百疋。於昊天寺作水陸大會。賜元叟端禪師號慧文正辯。幷金襴法衣。出元史。幷塔銘。仁宗順宗次子。以西僧班八爲國師。敕建栴檀瑞像殿。三年。設水陸大會於金山。命元叟禪師昇座說法。竣事。入便殿奏對。深契帝衷。賜號幷金襴袈裟。帝聞天目中峯之道。聘之不至。製金紋袈裟賜之。號曰佛慈圓照廣慧禪師。出元史。幷塔銘。英宗。仁宗嫡子。即位。作佛事于光天殿。鑄銅佛像。作金塔。藏佛舍利。敕各寺作水陸勝會。七晝夜。詔僧儒書金字藏經。帝重天目中峯之道。封香製衣。遣使即其居修敬。出廣錄。幷塔銘

王磐 字文炳。封洛國公　　通載幷金湯編

世祖至元十八年十月二十日。焚毀道藏僞經。勅磐等撰碑文略曰昔憲宗朝。道家者流出僞書曰老君化胡成佛經及八十一化圖鏤板傳布其言鄙陋誕妄。意在輕蔑釋門。而自重其敎。時世祖居潛邸。憲宗有旨令僧道二家詣上辯析。二家自約道勝則僧冠首而爲道。僧勝則道削髮而爲僧。僧問道曰。汝書化胡成佛。且佛是何義。道曰。佛者覺也。覺天覺地覺陰覺陽覺仁覺義之謂也。僧曰。所謂覺者。自覺覺他。覺行圓滿。三覺圓明。故號佛陀。豈特覺天地陰陽仁義而已耶。上謂侍臣曰。吾亦先知仁義是孔子之語。謂佛爲覺仁義。其說非也。道士又持史記諸書。以進而欲取勝。帝師達發問曰。此是何書。道曰。前代帝王之書。帝曰。汝今特論敎法。何用攀援前代帝王。帝師曰。史記有化胡之說否。道曰無。又問老子所傳何經。答曰。道德經。問曰。道德經中有化胡否。曰無。帝師曰。史記中旣無。道德經中又無。其爲僞妄明矣。道士辭屈。尙書姚樞曰。道者負矣。帝命如約。行罰。遣近臣將道士樊志應等十七人。
詣龍光寺。削髮爲僧。焚僞經四十五部。天下佛寺爲道流所據者二百三十
七所。悉命歸寺。有道家僞經化圖。尙存多隱匿未毀。帝命樞密副使等。暨諸
道流。考證眞僞。曰。雖卷帙數千。究其本末。惟道德二篇。老子所著。餘悉漢張
道陵、後魏寇謙之、唐吳筠、杜光庭、宋王欽若輩。撰造演說。鑿空架虛。詆毀釋
敎。假陰陽術數。以示其奧。裒諸子醫藥。以跨其博。所載符咒。妄謂佩之。令人
商賈倍利。子嗣蕃息。伉儷和諧。如鴛鴦之有偶。將以媒婬亂而規財。所至有
敎人佩符在臂。則男爲君相。女爲后妃。入水不溺。入火不焚。刀劍不傷。徒以
誑惑愚俗。自道德外。宜悉焚去。臣等同辭以聞。帝曰。道家經文。傳訛踵謬非
一日矣。若遽焚之。其徒未必心服。彼自言水火不能焚溺。可姑以是端試之。
俟其無驗。焚之未晚也。遂命樞密副使等。諭道士張宗演、祁志誠、李德和、杜

福春等俾合推擇一人佩符入火自試其術四人奏言此皆誕妄之說臣等入火必爲灰燼實不敢試但乞焚道藏庶幾湔雪臣等帝可其奏遂詔天下道家諸經留道德二篇其餘一切焚毀隱匿者罪之今後道士不遵老子之法如好佛者削髮爲僧不願爲僧者聽其爲民令百官於憫忠寺焚道藏僞經諸路俾遵行之臣磐等聞老氏之道也以淸淨爲宗無爲爲本謙冲以處已損抑以下人非有欲好勝之事厥後支分派列徒屬寖盛襲訛成僞誇誕百出淸淨一變而爲汚穢無爲一變而無所不爲如漢之文成五利致身求仙恍惚誕妄帛書飯牛之詐黃金可成之妄一旦敗露爲武帝所誅三張之徒以鬼道惑衆倡亂天下晉王浮居寶籙宮與女冠爲奸林靈素自稱神霄紫府仙敕禳大水不驗並爲徽宗誅竄而死迨今末年復有蔴衣鐵笠李二人以奸謀秘計出入時貴之間肆爲婬汚之行咸受顯戮歷代以來若此之

類。不可勝數。固已悖老氏不爭不盜之禁矣。及蹈刑辟。皆是孽自內作。復將誰咎哉。且釋氏之教宏闊勝大。非他所擬倫。歷百千世。聖帝明君莫不尊崇。東冒扶桑。西極昧谷。冰天桂海。山河大地。昆蟲草木。胎卵溼化。有情無情。百千萬類。皆依佛蔭生息動止于天地之間。故天上天下惟佛為尊。超出乎有生之表。歸極乎無礙之真。智周法界。神妙諸方。澤及大千。功用不宰。其大有如此者。慈航所至。無溺不援。法雨所霑。有生皆潤。臣磐等敬為之書。俾學老氏者有所警焉。道士胡提點等。捨邪歸正。罷道為僧。七八十人。挂冠于上永寺。帝師殿之梁拱間。昔唐太宗高宗。敕搜聚天下化胡經。盡火其書矣。由古而今。歷代帝王制之。時祥邁禪師。奉敕撰辯偽錄五卷。詳出通載按甄鸞笑道論云。道家妄註諸子三百五十卷為道經。如此詳之。代代穿鑿。人人妄制。採他佛教。標為道書。試問當今道士。推勘後所出經。為是老子別陳。為是天尊更說。若也更說。應有時方。師資傳授。爲是何年何月。何邦何代。若在上天而說。何人傳來。若西域而談。何人譯出。如其有據。容可流行。若也妄言。理須焚剪。欽奉聖旨。收取道藏僞經三十九種。卷有數千。經目附後。就大都大憫忠寺。命報恩禪寺。林泉從倫禪師。下火焚道藏僞經。舉火法語。出通載。文多不錄。

二教論云。按蜀記。漢獻帝末。張道陵避瘧丘社中。得咒鬼之術。自造符書。作靈寶經。卽醮章等道書。二十四卷。以誑百姓。受其道者。輸米肉布絹器物。紙筆薦蓆五彩。後生邪濁。增立米民。令畏鬼帶符。曰左佩太極章。右佩昆吾鐵。指日卽停暉。擬鬼千里血。妄造黃書、咒癩等事。自稱天師。若受黃書赤章。卽是靈仙。又造方術。穢濁不淸。乃以扣齒爲天鼓。咽唾爲醴泉。三五七九日。天羅地網。男女合氣。不異禽獸。以此用消災禍。毒流漢室。惑亂民間。後道陵入鵠鳴山。爲蟒蛇所吞。其子衡奔入。尋屍無所。畏人恥之。乃妄云。白日昇天。衡即遣使告民曰。正月七日。天師昇玄都。米民山獠。遂因妄傳。販死利生。逆莫過此。衡之子名魯。三代皆自稱天師。以鬼道化人。三張鬼法。自此始。時有諺言。黃衣當王。魯遂令其部衆。改著黃衣巾帔。代漢之徵。黃帔橫披。竊僧袈裟法服之像。前加兩帶。結寇數十萬衆謀叛。世號黃巾賊。並爲曹操皇甫嵩討滅。餘潛不滅。今猶披之。珠林云。道家眞步虛品經。六十四卷。齊永泰間。道士陳顯明妄造太清經、及衆醮儀、十卷。梁天監年。陶弘景僞造。周武時張賓之、焦子順、馬翼、李運、挑攬佛經一千餘卷。爲道書。廣弘明集云。太玄經楊雄所造。洞玄經前漢王褒所製。又隋末道士輔惠祥。改佛涅槃經爲長安經。後事發被誅。三皇經晉鮑靜所撰十四紙。永康年中被誅。後人諱之。改爲三洞。至唐二十年。貞觀間敕追諸道士及百姓。有此文者並集得之。遂於禮部廳前悉焚之。指歸經、嚴君平造黃庭、元陽、上清等經。及三皇之典。並改換法華及無量壽等經而作。或取盤古之傳。或取諸子之篇。假認俗書。以爲道敎。偸竊釋典。特作老經。唐麟德年。道士造僞經。天皇甲子。西京諸觀道士郭行眞等。東明觀李榮、姚義、劉道合。會聖觀田仁惠。郭蓋宗等。將隱沒道書。重更修改。私竊佛經。改換文句、人法、名敎、三界、六道、五陰、十二入、十八界、三十七品、大小法門。並偸安道經。改爲太上靈寶元陽經。改餘佛經。別號勝牟尼經。或云太平經等。及改酒脯祭祀。用乾棗香水。以惑後人。按盧景裕戴詵韋等集。及梁元帝、周弘政等義類云。太上有四。謂三皇、五帝、及堯舜、是也。言上古有此大德之君。臨萬民之上。故云太上也。郭莊云。時之所賢者爲君。材不稱世者爲臣。老子非帝非皇。不在四種之限。有何典據。輒稱太上耶。二敎論云。救形之敎。敎稱爲外。濟神之典。典號爲內。釋敎爲內。儒敎爲外。備彰聖典。非爲誕謬。詳覽載籍。尋討源流。教唯有二。寧得爲三。何則。昔玄古朴素。墳典之誥未弘。淳風稍離。丘素之文乃著。故包論七典。統括九流。咸爲治國之謨。並是修身之術。故藝文志曰。儒家之流。蓋出於司徒之官。助人君順陰陽明教化者也。遊文於六經之中。留意於五德之際。祖述堯舜。憲章文武。宗師仲尼。其道最高者也。道家者流。蓋出於史官。淸虛以自守。卑弱以自持。此君人者南面之術。合於堯之克讓。易之謙謙。若有位無才。猶虧弘闡。有才無位。灼然全闕。昔周公攝政七載。乃制六官。孔老何人。得爲教主。孔雖聖達。無位者也。自衞迴輪。始弘文軌。正可修述。非爲教源。柱史在朝。本非諸贊。出周入秦。爲尹言道。無聞諸侯。何況天子。既是仙賢。固宜雙缺。道屬儒宗。已彰於前矣。按燉煌實錄云。漢桓帝二十九年。幸閑豫庭。與羣臣對論古今。帝曰。老聃父何如人也。天水太守索綏對曰。老聃父姓韓名虔字元

卑。胎生無耳。一目不明。癃跛孤單。年六十二無妻。與隣人益壽氏宅上老
嫗合。懷胎八十年而生。生時皓首。故曰老子。此本實跡也、。今道士偸竊他
能。欲張老聖。家有弊帚。享之千金。斯言信歟。老子生於李樹下。故改姓李。敬王元年。
老子年八十四。時當七雄分霸。天下紛擾。老子聞天竺佛聖人致不治而
不亂。欲適天竺而處之。胡曾先生詠其詩曰。七雄戈戟亂如麻。四海無人
得在家。老氏却思天竺住。便將徐甲過流沙。出關未至流沙。死於扶風之
槐里。卽而葬之。秦佚往弔。三號而返。故莊子內篇云。老聃死。秦佚弔之三
號而出。怪問非夫子之徒歟。佚曰。向吾入見。少者哭之如哭其父。老者哭
之。如哭其子。古者謂之遁天之形。始以其爲人也。而今非也。遁者隱也。天
者免縛也。形者身也。言始以老子爲免縛隱形之仙。今則非也。嗟其諂曲
取人之情。故不免死。非我友。又考梁陳齊魏之前。道士唯以匏盧盛經。本

無天尊形像。按任子道論。及杜氏幽求云。道無形質。蓋陰陽之精也。陶隱居內傳云。在茆山中立佛道二堂。隔日朝禮。佛堂有像。道堂無像。王淳三敎論云。近世道士。取活無方。欲人歸信。乃學佛家制立形像。假號天尊。及左右二眞人。置之道堂。以憑衣食。宋陸修靜。亦爲此形。遂陽高憲字仲常遊東京白鶴觀。見三淸像。指其右曰。此何像也。觀主對曰。老君像。曰。何代人。曰。周定王時。又指左曰。此何像也。主曰。道君像。曰。此何代人。主倉惶未答。憲指中尊曰。且饒者元始天尊。聞者傳以爲笑。又漢晉之代譯經。稱佛爲天尊。由佛生七日。父王抱往禮大自在天王廟。天像倏起。頂禮佛足。父王讚曰。我子天中天。因號天尊。今道士竊安老子之號。後來譯經法師。見其渾稱。故棄天尊而稱世尊。謂天上人間所共尊敬。故又古來譯經。僧稱道士。寇謙得志。僭冒道士之名。故後譯經棄道士而稱沙門。今道士又稱為法師。愈為矯飾。法師之號。原出佛經。萬卷百家。本無此語。且為法之師。名為法師。法即是師。名為法師。名義不知。妄安已號。如山鬼偷王衣。不解披著。誠可笑也。（出通載）

言三清者。初道士立玄清、元清、始清。妄擬太極、太初、太始、為三清。以一清生三天。三清生九天。不解天名。乃竊佛經欲色二界天名。增減字號。矯安道書。然三界共有二十八天。云九天者。謬也。後張道陵以三清為精、氣、神、解。精為婬泆之精。氣為呼吸之氣。神為念慮之神。誑惑男女。以色身臭皮囊。為精氣神。張紫陽曰。先天地之元精。元氣元神也。玄宗直指云。戒以養精。定以養氣。慧以養神。是則以戒定慧。養本元之心性也。今道士不達本立三清之義。而妄裝塑三清為像。故王淳謂其立形像以憑衣食。高憲誚之而倉惶結舌。足見其謬也矣。（餘詳歸元稽古諸書。此不繁錄。）稽夫歷代已來至於元世。並無玉皇寶誥、北斗經、受生經、三官經、等文。此皆明初道士貪利惑俗。僞撰之者。其南斗經。在三十九種內。已盡焚之。言三官者。子史無文。不審出何年代何邦人氏。又非西域之人。奚作梵語。而云閻浮提。乃偷佛經文。雜以俚語。智人閱之。自知其謬。如羅祖無爲敎。五部六册。亦竊佛經及諸語錄。參以魔言。復妄造法華經後三卷。言詞鄙陋。如山歌野語。又造金剛纂。金剛經議論。安文殊菩薩之名在內。用人取信。復有血盆經。救苦經。妙沙經。皆不畏罪福無知之徒。妄造不足信也。尚直編云。世有後三卷蓮華經。此是妄無知匹夫所造樵歌牧唱也。金剛經議論。是金天敎之人僞造。魔語也。復有一卷註解金剛經。題名曹溪六祖大師解義口訣。此是宋神宗元豐間。天台羅適所註。假聖師之名也。無深理。有淺義。蓋因淺俚之故。世人多愛之。謬矣。六祖大師法寶壇經。第十付囑章曰。師一日喚法海轉相教授勿失宗旨共計七百七十七字此是金天教之人僞造邪言增入刊板未革之弊也嗚呼妄談性理懷人心法玷辱佛祖罪莫大焉羅祖謀叛改名無爲無爲復叛改爲青蓮青蓮又叛改爲白蓮白蓮復叛改爲圓通大乘等教其名不一閉門發誓傳授不許外知愚俗受惑智者自不受其瞞也

趙孟頫 字子昂

元史幷廣錄本傳

宋太祖秦王德芳之後也頫才氣英邁神彩煥發如神仙中人至元二十三年御史程鉅夫奉詔搜訪遺逸於江南得頫入見世祖甚喜累官至翰林學士至治元年卒年六十九追封魏國公謚文敏頫四五歲聞毋丘夫人說臨月夢一僧入寢室覺而生頫故年十二三歲便好寫金剛經後但與僧語便

若眷屬。至年六十五。日擾擾人事。不能有所悟入。恆以自歎。重天目中峯之道。每受師書。必焚香望拜。與師書。必自稱弟子。叩師心要。師與說防情復性之旨。遺問金剛經大意。師答以略義一卷。中峯淨業偈一百八首。頫作贊。復作偈重讚之。曾跋華嚴經合部。云云

胡長孺 號石塘。常與趙子昂。韓明善。段吉甫。郭斯道諸公論道齋中。

大同論

著大同論。有曰。孟子沒一千四百年。道濳統絕。子周子出。然後濳者復光。絕者復續。程氏二子得周子傳。周子之傳。出於北固竹林寺壽涯禪師。程子四傳。而得朱文公。文公後得張欽夫。講究此道。方覺脫然。處前日所聞於竹林而未契者。皆不我欺矣。元來此事與禪學十分相似。學不知禪。禪不知學。互

相排擊。都不曾劄著病處。亦可笑也。臨終坐逝

韓性 字明善

性學指要

性隱居不仕。謚莊節。淹貫經史。精通內典。嘗曰。佛居西土。風教有異。然極能勸化得人。觀今凡修佛事。未有不端心正念者。雖愚夫愚婦。欲聞經禮像。必預齋戒。持敬捐欲。然後從事。雖吾聖人復生。勸人爲善。不過如此。正恐未能也。嘗謂門人朱仲弘曰。佛去世已久。後人如此恭敬他。誦他的言語。汝道佛要人如此耶。教人如此耶。若强人從已。誰人肯從。如今人一句言語。要行一鄉。亦不可得。且佛之言語。奚翅數百萬里。凡日月光臨所及處。無不信服。仲弘聞之默然。

明太祖高皇帝

皇明護法錄

天下大道。惟善無上。其善無上者。釋迦是也。固大慈忍志。立大悲願心。行無所不至。化無所不被。論性原情。談心妙理。潔六塵之無垢。淨六根之無翳。去諸魔而清法界。制外道以樂人天。斯行斯修。而歷劫無量。乃降兜率。至於梵宮。既捨金輪而猶苦行。於雪嶺時。道成午夜。明星相符。朕觀如來以己之大覺而欲盡覺諸法界衆生。其爲慈也大。其爲悲也深。可謂無上者歟。昔釋迦之爲道。孤處雪嶺。于世俗無干。及其道成也。善被兩間。靈通上下。使鬼神護衞而聽從。故世人良者愈多。頑惡者漸少所以治世人主。每減刑法。而天下治。斯非君減刑法。而由佛化博被之然也。所以柳子厚有云。陰翊王度。是也

梵宮。即天竺迦毘羅國淨飯王宮。天竺人語。同梵天語。書同梵天書。故云梵宮。

遊寺記

朕因憂慮既多。特入寺中。與禪者盤桓。暫釋幾宄之一時。入寺既行。凡所到處。無不有佛。及至方丈。平視兩壁。皆懸水墨高僧。凡四軸。六人。一軸三禪海水。一軸了經松下。一軸撫鹿溪邊。一軸樂水於巖前。嗚呼。住持者志哉。所以設此。意在感動心懷。堅立寂寞之機。甚得其宜也。何以見之。如三禪海水者。其海潑天。飛浪烟海。四際。其高僧凝然。舉麈而揮。鼎足而坐。可謂奇矣。動修者一也。又了經于松下。對月于昊穹。可謂清之極矣。復有一僧。前撫鹿于溪後。山神以密護。可謂行至矣。又坦然而無慮。樂然而無憂。樂水於山根。可謂寂寞而已。斯四軸六人。足可堅修者之志。朕爲斯而樂。至暮而歸。餘月復至寺。由東廡而入。見畫像圖形。皆男女夾雜。濃梳艷裹者紛然。將謂動小乘而堅大乘也。徐至苑中。見有數架修上薔薇。朕亦謂非宜也。少時照方丈。顧左右壁。亡其前日所有高人四軸。不覺興歎矣。何哉。所以歎者。不惟畫於薔薇不合有而有。四軸高僧當懸。除去皆非所宜。故興歎息焉。

祭寶誌禪師文

昔者師能出世異人。性備六通。景張佛教。使兇頑從化。善者愈良。及其終也。擇地于鍾山之陽。陰其宅而居之。經今八百六十七年。今朕建宮在邇。其爲師焚修者。俯而視之。因敕中書下工部。造浮圖於山之左。今將完成。徙師於

是於戲漏盡毋生人我刧終勿墮塵埃惟師神通尙饗

維摩居士讚

獅子座中花蘂遍廚間香積味新鮮誰人問病躊躇去鐵馬嘶風牛策鞭

禪海羅漢讚

爾怪且玄海氣如烟拂塵蕩垢鼎足而禪薄天氣涙何處宿緣宜哉尊者處危自然

洪武九年試經給沙門度牒十年詔天下沙門講心經、金剛、楞伽三經命宗泐如玘長老註釋頒行。又敕一切南北僧及有道善人。但有願歸三寶。或受五戒十戒。持齋戒酒。習學經典。明心見性。僧俗善人。許令賫持戒牒。隨身執照。不論山林城郭。鄉落村中。任結壇上座。拘集僧俗人等。日則講經說法。化度一方。夜則取靜修心。十四年。命度僧一千名。悉給與度牒。贍僧田二百五十頃有奇。十八年。敕建鷄鳴寺。造浮圖五級。祠寶誌公。歲遣官祭祀。時雲南有十僧。來欲往浙江。遊翫寺院。敕禮部與文書。咨兵部。應付腳力。遞送至鎮江府交卸。聽從遊翫。十一月十八日。僧錄司講經法師如玘卒。詔禮部辦素饌。庫內支價。買祭物件。完備祭祀。及葬。遣禮部侍郎章祥致祭。御親製文。十九年八月八日。出榜張挂。禁治諸色人等。毋得輕慢佛教。罵詈僧人。非禮攪擾。違者本處官司約束。欽此欽遵。給出榜文頒行天下各寺張挂。禁約二十一年。敕僧錄司於天禧寺。試經度僧。給與度牒。爲鑾曲靖等處。每三十里造一座庵。自耕自食。化他一境的人。六月十四日。敕今後但有不守戒律僧。發往天界能仁寺工役。二十四年旨曰。曩者民間世俗。多有倣僧瑜伽教者。呼爲善友。爲佛法不淸。顯密不靈。爲汙濁之所汙。今後止許僧爲之。敢有似前如此者。罪以遊食。二十七年。詔曰。自佛去世之後。諸踵佛之道。所在靜處不出戶牖。明佛之旨。官民趨者。累代如此。效佛宣揚者。智人也。所以佛道永昌。法輪常轉。邇年以來。奸邪無籍之徒。避患難以偷生。更名易姓潛入法門。由是奔走市村。無異乞覓者。致使輕薄小人。毀辱罵詈。有玷法門。特敕禮部條例。所避所趨者。榜示之。凡僧不許具僧服入公廳跪拜。設若自身有犯。卽預先去僧服。以受擒拿。敢有連僧服跪公廳者。處以極刑。又欽賜田地稅糧全免。常住田地。雖有稅糧。仍免雜派。僧人不許充當差役。官司有將寺物沒官及改充別用者。卽以贓論。一切官民。敢有侮慢於僧者。治之以罪。

天子之量。猶太虛滄海。無所不容。無所不納。故僧有不守戒律者。不加刑罰。唯遣寺作役。令其自慚改悔。如元世祖。但令閱經懺悔。所以聖人心同一德。豈同世俗蚊蚋之胸襟。見一僧有過。如寃如仇。不思三教中。孰能無過。堯舜尙有四凶。況其餘者。卽如族間。豈得人人賢善。如有過者。何以捨而不誡。反責他非。古德有云。他非不用頻頻舉。己過還須漸漸除。能服此語。則人我除。是非息矣。又不但太祖世祖。卽魏梁唐宋代代敕約僧有過犯。皆以佛律治。不得與民同科。如魏宣武帝景明二年。詔僧有犯。悉付昭玄都統法師。以內律僧制判之。梁武帝制僧尼犯過。依佛律行罰。唐高宗永徽并顯慶年。二次下敕。天下僧尼犯國法者。以內律治。不得與民同科。宋徽宗宣和敕。吳國公主敬重空門。品官庶民有毀辱僧尼者。照祥符三年指揮。宋眞宗年。敕品官無故毀辱僧尼。口稱禿字者。勒停見任。庶民流千里。元世祖曰。以俗制於僧。失其崇敬。徧諭天下。各主綱維。主掌教門。護持佛法。臣下聞奏。云。有俗僧人。宜令同民。帝令修補寺院。以遮其過。阿合麻丞相奏。天下僧尼。頗多混濫精通佛法。可允爲僧。無知無聞。宜令例俗。膽巴帝師奏云。多人祝壽好。多人生怨好。帝曰。多人祝壽好。其事乃止。卽如　太祖高皇帝。僧犯國法殺盜姦。尙先去僧服。方許擒拏。不令辱於僧體。可謂護法之至極。其餘小罪。但令作役而已。此乃上合天心。下滋黎庶。如大集經云。佛言其有王臣見有於佛法中出家者。作大罪業。但擯令出國。不得鞭打。何況鞭打出家持具戒者。時在會一切天龍八部神衆而白佛言。若諸國王。見有爲佛出家持戒不持戒。鞭打之者。我等不復護持養育。如是國王。捨離國去。其國卽有疾疫。饑饉刀兵俱起。非時風雨。亢旱毒熱。傷害苗稼。若有宰官鞭打彼等。其王不遮護者。我等亦當出其國土。所以歷代帝王。皆以天心佛心。而護持三寶。致使天龍八部。衛祐國土。一切人民。離諸殃患。如唐朝歷代王臣。皆信敬三寶。故致夜不閉門。斗米三錢。今人不知。輒輕三寶。觸彼天龍威怒。致令風雨失時。三災疊作。不自省悔。而反怨王天。罪莫大焉。

續原教論

沈士榮撰一

洪武十八年。翰林待詔沈士榮撰。上卷七篇曰。原教論。觀心解。內教外教辨。執迹儒者。參禪辨。論禪辨。作用是性解。下卷七篇曰。名儒好佛解。自私辨。莊老異同辨。錯說諸經解。較是非得失辨。三教論。諸師人物雄偉論。其序云。夫情智相違而後有教。識趣相違而後有辨。故分別是非。所以立教。不辨何以立理哉。昔人欲理之明。乃設難以爲問答。使讀之者。了然不疑。今儒者疑難於佛。必當辨之。所以立教明理也。昔諸佛出世。諸大菩薩化爲外道。各執異說。問難於佛如來。乃破其邪執。立如是義。說如是經。則諸教皆由論辨而起也。若唐宋大儒。各執所見。疑難於佛。毀訾排斥。或有甚焉。亦或菩薩化身儒門。故爾相違。使有以辨之。以彰至理歟。果亦未造佛之閫域。實有所疑歟。自是以來。數百年間。以儒名者之於佛教。或爲敬信。或爲非議。毀讚不常。是非莫辨。使至道不明。誠可悲矣。士榮自知愚陋。所學不及先儒之萬一。又未得吾佛證入之門。伏念二教之相違久矣。而智者則默然而不爲之辨。坐視求學之士。循習舊聞。或生誹謗。喪內學之家珍。傷名教之根本。故不自揆度。輒以其所非斥之言。具錄於前。爲之辨解於後。著論三篇。解五篇。辨六篇。通十四。原其異同謂之論。釋其疑惑謂之解。明其是非謂之辨。理學君子。幸決擇而去取焉。固不礙於聖賢之學也。時洪武乙丑季夏上弦。建安沈士榮謹序。

太宗文皇帝（高祖第四子）

皇明護法錄

永樂四年。迎西僧尙師哈立麻至京師。先是上在藩邸。聞烏思藏有尙師哈立麻者。異僧也。及卽位。遣中官侯顯。賷幣往迎。五歷寒暑。乃至。車駕躬往接之。五年。直隸及浙江諸郡。軍民子弟披剃爲僧。赴經請度牒者。千八百人。禮部以聞。二月。命西僧尙師哈立麻。於靈谷寺。啓建法壇。薦祀皇考皇妣。尙師率天下僧伽。舉揚普度大齋科。十有四日。慶雲甘花。甘雨甘露。舍利祥光。青鸞白鶴。連日畢集。一夕檜柏生金色花花徧於都城。金仙羅漢變現雲表白象青獅莊嚴妙相。天燈導引。旛蓋旋遶。亦既來下。又聞梵唄空樂自天而降。

羣臣上表稱賀。學士胡廣等。獻聖孝瑞應歌頌。自是之後。上潛心釋典。作爲佛曲。使宮中歌舞之。三月初六日。文武等官奉天門早朝。奏準奉聖旨。着落禮部知道。新出榜曉諭。該行脚僧持齋受戒。恁他結壇說法。有人阻當。發口外爲民。欽此。三月封西僧尚師哈立麻。爲萬行具足十分最勝圓覺妙智慧善普應佑國演教如來大寶法王。西天大善自在佛。領天下釋教。賜金百兩。銀千兩。彩幣寶鈔。織金珠袈裟。金銀器皿。鞍馬。賜儀仗。與郡王同。其徒孛羅等。皆封爲大國師。並賜印誥金幣等物。宴之於華蓋殿。十一年。敕江甯造大報恩寺及塔。其塔始晉孝武中。并州劉薩訶暴死七日而甦。觀音菩薩致於建業。(即江甯府)洛陽臨淄鄮陰。(今甯波府阿育王塔)成都五處。皆阿育王塔。往禮拜者不墮地獄。訶方至丹陽。望見長干有異氣。於光處掘地。得舍利三顆。爪髮各一。造塔一級。藏之後。稍增至三級。梁天監元年。改阿育王塔。造長干寺。出塔中舍利及爪髮。鬚青紺色。伸之隨手長短。放之屈爲螺形。乃高大其塔。帝幸寺。設無礙大會。法食老少士女。莫不欣悅。遠近馳仰。冠蓋雲集。凡天下罪無輕重。皆赦宥之。塔元末燬。永樂十一年。重建。畢工於宣德初。純用五色琉璃磚瓦。凡九級。級級八門。舉高一十四丈。照耀雲日。刹表高數丈。上設黃金珠寶頂。奇製極工。世所希有。每放光明。種種異相。非一。或有聲如雷焉。（長干即報恩寺前街名）十七年。御製諸佛菩薩名稱歌曲大小五十卷。佛名經三十卷。神僧九卷。入藏。勅僧一如編彙禪宗語錄。奏曰。中間合無去取。上曰。祖師說的。都是佛法。不要去取。宣一如等八人。校勘藏經。重刊藏板。著衆僧用心看。中書寫藏經。勅問藏經校勘好否。奏已七番校過。御製經序十三篇。佛菩薩讚跋十二篇。爲各經之首。上問經板著幾人。完。奏云看工匠多少。上曰著二千五百一年了得麼。不敢對。上曰經板刊後留在何處。亦不敢對。上曰安一藏者裏安一藏南京石上也刻一藏於大石洞藏著向後木的壞了有石的在是年秋御製佛曲成併刊佛經以傳九月十二日欽頒佛曲至大報恩寺當日夜本寺塔見舍利光如寶珠十三日現五色毫光慶雲捧日千佛觀音菩薩羅漢妙相畢集續頒佛經佛曲至淮安給散又現五色圓光彩雲滿天雲中現菩薩羅漢天花寶塔龍鳳獅象又有紅鳥白鶴盤旋飛遶十八年三月初六日宣僧擴思等道士袁仁等同進旨曰道家經好生紕繆且老子稱淨樂國王在於何時袁對云無年代旨問擴思且如有報恩重經等不是佛說的休入藏裏欽此上曰止如分數珠經血盆經高王經等皆非佛說不可入藏奏曰道家有太上實錄謗佛上曰向年間著收來還也不曾這劉淵然該殺的道士袁奏曰太上實錄多有好言語在內上曰我敬佛他謗佛留了我心不喜欽此（昔元世祖焚道藏僞經時實錄隱匿故魔邪流至於今也）續又命尚書呂震都御史王彰齎

捧諸佛世尊如來菩薩尊者名稱歌曲。往陜西河南頒給。神明協應。屢現慶雲。圓光寶塔之祥。文武羣臣上表稱賀。上甚嘉悅。中宮因是益重佛僧。建立梵刹以祈福者。徧兩京城內外云。餘詳載護法錄。及稽古略。

神宗顯皇帝

萬歷四十五年。上於五臺山。建龍華大會。御賜錫杖衣鉢一千二百五十副。盛闡宗猷。月川承芳二師住持。如是三年三次云。

李卓吾

卓吾。諱贄。萬歷間。官至刺史。掛冠祝髮。住持龍湖。率衆焚修。爲人豪爽英敏。著述頗多。有華嚴合論簡要。及焚書幾卷。多論佛法性理等學。竹窗二筆云。唐宰相杜黃裳。臨終自悔。不得爲僧。命剃染以殮。又宋名執政某。遺命亦然。此非宿世堅持正因。焉能居大位。而醒然不昧。風火散時。具如是耿耿操略。然有二說。或一念之迷。至死反本。或故爲示現。警悟同流。是未可知也。

倘直倘理編

中吳沙門空谷景隆述

太原王先生。名中。字克平。問空谷禪師曰。中也聞諸先達曰。佛是聖中之至聖。佛之教法。大道之學也。不識晦庵先生之本意。何爲而排之。乞師一言以爲啓迪。空谷曰。據直言之。子則有所嫌忌。逮欲無言。又辜子問。但請力學至於擴充之地。而無迫險之量。然後彼之短長。瞭然可見。何待發問而後知乎。孟子謂孔子。登東山而小魯。登泰山而小天下。不其然歟。今夫儒之論道經邦。老之歸根復命。佛之明心見性。皆明道而弘善也。書曰。爲善不同。同歸乎治。漢牟子曰。君子博取衆善。以輔其身。此之謂也。是故達人大觀。庶幾明道理。識言語。烏可死於一人半人之語乎。吾輩心宗之學。微用文義貫穿道理而已。子讀萬卷經書。始爲通方達士。太原曰。非一朝而可造詣。吾師於理明切至。當得相扣也。空谷曰。然則爲汝隱然指歸。令汝自昇。韓子未知佛法。所以排佛。及見大顚禪師。後深敬佛法。晦庵潛心佛學。可謂博矣。其排佛者。心病也。苟不排佛。則後學多看佛書。凡看佛書。則見其心病矣。由是密設牆塹關住後學。令走不出。識不破也。太原曰。晦庵牆塹。設在何處。空谷曰。指程子云佛氏之言。比之楊墨。尤爲近理所以其害爲尤甚。令如淫聲美色以遠之。大學中庸序文。或問諸書註語文公家禮喪禮篇有云。不作佛事。復指司馬温公語註云。世俗信浮圖誑誘等語。全是晦庵心之所之。不是温公之語。如是用心。是其設牆塹也。所以皮膚之學者。偏要排佛。纔讀數十卷書。心忿忿然遽以排佛爲急務。嗚呼。學至宏博。自然通泰。排佛之心稍覺輕矣。學而至化。出彼牆塹之外。自知排佛之非。追悔不及矣。當知三教之學。乃至琴碁書畫。百工技藝。學而至於變化之地。始得活機之妙。不然則在死殺法裏。遽伯玉六十而化。始得處心之要。學而至化。卒難得也。太原曰。學而至化。固難得也。且言牆塹誰能出焉。空谷曰。能出者是儒也。未造此地者。恬然受其瞞昧而不知。爭能出也。太原曰。曾有能出者乎。空谷曰。有簡而言之。若屏山李公。石塘胡公。樂軒陳公。希逸林公。西山眞公。海粟馮公。松雪趙公。須溪劉公。德機范公。曼石揭公。邵庵虞公。仲弘楊公。大樸危公。天錫薩公。兼善達公。滑卿黃公。廉夫楊公。季廸高公。歐陽玄公。斯道烏公。仲舉張公。景濂宋公。叔能戴公。伯温周公。伯昂葉公。大章徐公。達善王公。君羽錢公。介山王公。性學李公。廣孝姚公。節庵高公。儀之王公。子啓曾公等是也。司馬温公。與元城劉先生曰。佛家言天堂地獄。且夫實有此否。元城曰。佛之說此。俾人易惡向善也。且鄒衍謂天地之外。如神州赤縣者八九。莊子謂六合之外。聖人存而不論。凡人耳目所不及。安知其無。温公動容而服膺。自此敬佛。温公手書一卷心經贈僧。復題其後云。退之排佛。而稱大顚外形骸。以理自勝。且胸中無滯礙。由是觀之。於佛不爲無得。而所排者跡耳而已。元城曰。温公老先生。深知佛法。所以資治通鑑。未始排佛。温公著大同集。解禪偈。古文孝經旨解。潛虛擬太玄等書。皆正直之辭。斷無排佛之語。文公家禮所註温公之語。虛架而無根矣。濂溪二程是佛法中人。爭肯排佛。溫公程子排佛之言。顯是晦庵所造。載於二家名下。以爲自己排佛之本也。道餘錄收二程子排佛二十八條。晦庵排佛二十一條。總是晦庵胸中所蘊。不是程子見識。程子苟存此見。爭能著易傳耶。易傳辭理俱勝。不失東林總禪師濂溪周元公口傳心受之意。一模脫出。渾無睽舛。未嘗有此僻隘之心。溫公程子不肯排佛。通鑑易傳。良可徵也。晦庵非誰曲排佛法。抑亦曲指溫公程子。損其名德也。太原曰。程子排佛之語。出於程子文集。豈是晦庵所造。空谷曰。橫渠與濂溪同問道於東林總禪師。今來橫渠西銘正蒙二書。皆有排佛之語。二書皆是晦庵打點。幷加註語。集爲朱子成書。西銘正蒙排佛之語。未必出於橫渠之口。多出晦庵之筆。程子文集排佛之語。同此籌也。橫渠與周子同問道於東林性理羣書等。又謂橫渠問易於程子。噫。橫渠年雖少於周子。亦是同時人也。何不問易於周子。却問易於程子。此或實事。亦未可知。或是後人欲尊程子。矯立此事。亦未可知已。而凡著書者。互引此事。汎而說之。是以此事遍於羣書。遂爲實事。豈不見晦庵凡造語。要人信伏。便指爲程子所說。嗚呼。證龜成鼈。此之謂也。太原曰。何由知爲晦庵之語乎。空谷曰。言語若認不出。何以知人乎。太原曰。旣謂知人。濂溪何人也。空谷曰。履德君子也。故無昧佛之言耳。太原曰。誠知人矣。夫溫公正人君子。二程子愼德君子。吾知三子不肯謗佛。如保曾家無殺人也。通鑑易傳。誠爲證據。中也亦知周程道學得於太宗。傳至晦庵。不越其敎。不知晦庵何以昧佛之德。反而排之。所以問也。獲聆斯語。已知其心矣。空谷曰。濂溪窮佛道學於黃龍佛印東林三禪師也。程子多遊禪室。多讀佛書。罔知程子必是愼德君子。不肯叛佛。晦庵立言。汎用佛理。反而排之者。俾人不識也。是故遮掩周程學佛之根。然亦遮掩不盡。中庸或問謂楊氏等受學於程門。其言皆佛老之餘緒。多說游楊謝氏等言出於佛老。晦庵明知周程楊等道學出於禪宗。識之所謂其所排者。設牆塹耳。太原曰朱子註書。多引佛語。不知何書。佛語。註之。空谷曰晦庵所用佛語。若虛靈不昧（此句出智度論幷禪書）不可限量。（出華嚴寶積大集等經）似是而非。（出潭津集）大學補闕。（全是禪語。略翻變之。）始言一理中散爲萬事。末復合爲一理。眞實無妄眞實之理。有是理而復有是事。天地之理。至實無妄。聖人之心。至實無妄。（皆是東林口授周子語意。）能知覺。所知覺（出楞嚴等經）千聖相傳心法。脫然有悟處。又非見聞思慮之可及也。物我一理。固有之性。心之體用。吾心正而天地之心亦正。萬物之本源。一心之妙用。活鱍鱍地。徹頭徹尾。做工夫到者裏。齩菜根。無縫塔。三句語。劄著病處。一刀兩段。一棒一條痕。一摑一掌血。（皆出禪書幷諸經）註復卦引楞嚴經語爲證據云。非惟年有變。月亦有之云云。（出周易附錄纂註）晦庵註書。唯毛書一經。乃是學力註成。簡用佛法自餘四書等註。幷諸製作。皆用佛法。汎以佛經禪語。改頭換面。飜變其語。而取其意。如是用者。遍於羣書。晦庵如是所用佛語。又諱周程明露佛語。不識晦庵是何心哉。蓋欲遮掩心病。盡力攔住後學。不看佛書。意欲滅盡佛法。不顯露其心病。故作感興詩云。誰哉繼三聖。爲我焚其書。噫。亦有不受他瞞攔不住者。識破他矣。適之所謂希逸林公。文獻黃公。景濂宋公等。是也。惜乎後學被前人指昧佛者。爲道學之傳。不昧佛者。不爲道學之傳。如是住後。後學不敢轉動。故不識抱德明理正人君子也。嗚呼。此之智識。欲望林黃宋公何異汗池之下。望蒼天也。苟不能撤藩籬於大方之家。破識情於眞性之府。不免區區縛於常人言語裏。宋人昧佛者。惟橫渠以至晦庵數人而已。不昧佛者還多焉。濂溪。二蘇。張九成。呂東來等。是也。昔者漢唐已來。而至於宋黃龍佛印。東林。昧堂。靈源。大慧諸禪師等。不以儒釋相分。平等開導。體佛之心也。豈料他人將我佛法作儒法用。欲歸功於自己。所以轉身排佛。文中子用孔孟之學著書。却敬佛法。宋人用佛法著書。却排佛法。欲令後學不看佛書庶不識其用佛法著書所以然也。宋人於佛法中所得者。如以一毫蘸水。所得極少。以此極少之水。令後學取足。愛用不復入海。教壞人心。違悖佛法。失於大善。過莫大焉。至於文公家禮。沮人供佛。不作佛事。從其說者。失諸善利深可愍傷。大漢唐已來。君臣達士。皆遵佛法。豈非高明賢德乎。後人不省察古今言語之是非。故溺於宋人之詭計也。范文正公捨宅爲寺。寺名天平。公凡蒞所守之地。必造寺度僧。興崇佛法。賢德之僧。必與友善。公之子孫蕃衍代代爲官。迨今不絕。苟非佛福田中所植陰德。感動王心。能若是乎。太原曰除晦庵外。亦有排佛者。此復何如。空谷曰。自無主見。不能識其道之深淺。唯憑晦庵之說。從而排之。是爲隨人脚跟轉。亦如水母以蝦爲目。鎖鮚以蟹爲足。後人從晦庵而排佛。猶二者之倚他物。若失所倚。則茫然罔措。太原曰。亦有不因晦庵之說。而自排者。此復何如。空谷曰。譬如世人唯識常見之物。不識難見之物。忽遇明月之珠。夜光之璧。光華璀璨。流輝奪目。不識是寶。疑之爲怪。尋握利劍猛力而拒之。爭知此物。能使貧者富。賤者貴。有如是功與德也。韓子見大顛後。所有敬佛之辭。後人刪而去之。晦庵校韓文。尚留韓子上大顛三通書。後人再刊。又將此三書一併刪去。故知後人既服晦庵之藥。執迷於排佛。尤甚於晦庵。爭知晦庵設此關竅。曲排之也。後人不識其所以然。將爲是實。從實而排之。所謂一人傳虛。萬人傳實。嗟乎。晦庵設箇關竅在此。後人尚識不破。爭得如薛簡。張拙。白居易。杜鴻漸。李習之。韓昌黎。陸亘。陳操。李駙馬。富鄭公。楊次公。郭公輔。趙清獻。馮濟川。張九成。呂居仁。楊大年。沈休文等諸大名賢。能參吾宗之禪。關乎佛法。苟非大道。曷能感諸名賢。如是崇尙也。若不取諸賢之大公。甘屈於一人半人之己意者。實未思之誤也。太原曰。晦庵非惟排佛。抑亦排老。此復何如。空谷曰。其於老子之教。初無干涉。故不欲排老。若獨排佛。則有譏議。故以三教同。而排之。謂爲排抵諸宗。扶樹儒宗而已。曾不知天生三教。推不向前。捺不向後。爲世模範。不可無也。如太空之有天地。非天地則無覆載也。太原曰。或謂佛學爲九流之墨家然否。空谷曰。子胡不知也。九流載於史記。漢武帝時。司馬相如之所述也。此時未有佛法。言墨家者。墨翟也。墨以行事爲教耳。佛以大道爲教。統天地三教之極祖也。惜相如之不遇乎。遇則推尊而尙之。必有可觀者也。太原曰。佛有兼愛近乎墨也。空谷曰。慈悲喜捨。佛之德也。豈是溺情汨志之愛乎。慈悲之愛者德也。溺情之愛者私也。韓昌黎曰。博愛之謂仁。此流於情而混淆也。孔子曰。博施於民而能濟衆。必也聖乎。孟子曰。惻隱之心。仁之端也。孔孟非溺情汨志。

亦非眞妄混淆。故可與慈悲之愛相表裏。嗚呼。儒宗以綱常爲先。明道兼之。釋宗以明道爲先。綱常兼之。衆人觀之似乎不同。達人觀之而實同也。夫旣慈愛於衆。以及鳥獸昆蟲者。豈不忠於君。不孝於親。不修道德。不弘仁義乎。凡如是者。未之有也。太原曰。晦庵所惡虛無寂滅之敎。新安陳氏曰。老氏虛無。佛氏寂滅。此說如何。空谷曰。虛無寂滅。有權實二義。以權言之。則虛無寂滅。是空幻之語。凡夫執有。小乘執空。中乘執不有不空。大乘當體卽空。不墮衆數。妙有非有。眞空不空。不立一塵。不捨一法。縱橫逆順。法法全眞。是故大覺世尊。爲破凡夫之有。故乃曰。此身虛幻。令心寂滅。爲破小乘之空。故乃責其陷於解脫深坑。令求出離。爲破中乘之不有不空。故乃責其縛於幻有。令求大乘。此皆善權方便之術也。以實言之。則虛無寂滅。是萬有之母。出生天地人物。動植飛潛。而至萬法者也。佛敎曰。從無住本。立一切法。乃至無有少法可得。然燈佛爲我授記。老子曰。道可道。非常道。名可名。非常名。無名天地之始。有名萬物之母。常無欲以觀其妙。常有欲以觀其竅。孔子曰。易無思也。無爲也。寂然不動。感而遂通天下之故。非天下之至神。其孰能與於此。禮曰。無爲而物成。是天道也。子思子曰。上天之載。無聲無臭。三教聖賢之旨。皆是眞常寂滅。眞空不空。初無少異。佛說生滅滅已。寂滅爲樂。蓋令空其妄情也。夫天地人物。以及萬類。皆一氣展縮。初無間然。展而爲陽。縮而爲陰。陰極而陽。陽極而陰。靜爲陰基。動爲陽體。靜極而動。動極而靜。靜卽虛無寂滅也。靜極而動。動卽虛無寂滅中出生萬有也。晦庵讀佛書。可只見得破凡夫方便語乎。可是不識虛無寂滅是萬有之母乎。可是不識三教聖人之旨。皆是眞空寂滅之理乎。可是自欺其心。特爾曲說。疑誤後學乎。所以惡佛老爲虛無寂滅之敎也。其脫於大理。豈小小哉。太原曰。理學類篇程子曰。聖賢以生死爲本分事無所懼。故不論死生。佛氏之學。爲怕生死。故只管說不休。此說何如。空谷曰。世人識情繫縛。循環生死。莫之能已。佛說諸經指而論之。依法修行。悟明生死。豈是怕生死乎。世人只見幻身生死。不見佛性不生不死。不知生從何來。死從何去。設使欲知。亦無所措手。是以强說此言。修飾而已。大似不得飯喫。强言不饑也。孔子曰。未知生。焉知死。又曰。原始反終。老子曰。歸根復命。賈誼曰。化爲異類。王逸少曰。死生亦大矣。聖賢豈不言生死耶。此章問端。若是程子之語。則程子見識自納敗闕矣。若是後人謬指程子所說。則玷辱之咎。其在後人也。李屏山曰。聖人原始反終。知生死之說。豈不論生死乎。程子之不論生死。正如小兒夜間不敢說鬼。病人諱死。其症難醫者也。空谷曰。晦庵言死者。形既朽滅。神亦飄散。雖有剉燒舂磨。且無所施。此則虛無寂滅。至於空蕩無歸矣。且如有人臥於武林。夢居金陵。與彼親友同席飲食。是時惟知有此飲食之身。不知亦有幻身臥於武林也。夢飲食者。神識也。亦名精魂也。凡人思善思惡。生死不絕者。卽此神識也。死者受苦。剉燒舂磨。卽此神識也。是時惟知有此受苦之身。不知亦有幻身死於人間也。如彼夢飲食者。不知亦有幻身臥於武林也。當知幻身猶房屋也。神識猶屋中之人也。人既出之。不顧房屋。神識既出。不顧幻身。晦庵所謂形既朽滅。神亦飄散。雖有剉燒舂磨。且無所施。是則惟見幻身生滅。不知神識不消滅也。是猶惟知房屋傾頹。不知屋中之人先出屋外。凖無損也。此不消滅之神識。隨業受報。出殼入殼。或苦或樂也。晦庵謂死者形朽滅。神飄散。然祭祀是誰受饗耶。周禮禮記。皆以祭祀爲先。祭祀之道。是虛設耶。宜省察之。又言范文正公曰。若獨享富貴而不恤宗族。異日何以見祖宗于地下。理學類編晦庵又曰。死則氣散。泯然無跡。有托生者。是偶然聚得不散。又去湊著那生氣、亦能再生。晦庵既謂形朽滅神飄散泯然無跡何人羞見祖宗于地下乎何物湊著生氣而再生乎自相矛盾莫能解釋也史記等書曰魏武子謂兒顆曰吾死後可嫁吾妾未幾又曰吾死後須殺吾妾以爲從葬已而顆從前命嫁之後顆爲晉將臨敵秦將杜回忽有一老人結草以抗回顆乃擒回顆於夜間見老人來告曰我卽嫁妾之亡父也公嫁我女故來報德耳唐太宗早聞武后欲壞其法故欲殺之袁天罡曰其人年將老若殺之則再生人世年月日長怨怒愈深太宗然之天罡謂再生人世晦庵謂形朽滅神飄散兩家之言天地懸隔孰是孰非夫天罡明理之人也豈衆人可同日而語哉問曰論語云攻乎異端斯害也矣晦庵指佛老爲異端此說何如空谷曰異端者雜學也孔子謂習於雜學則害於正道之學直言而已且無蘊奥何以拗直爲曲乎孔子存時佛法未至中國孔子惟聞佛之道德故稱西方有大聖人漢明帝時佛法

纔至中國。孔子已沒六百年矣。是以孔子不見佛法也。既不見佛法。指佛何法爲異端乎。佛法既爲異端。孔子何以指佛爲聖人乎。老子既爲異端。孔子何以言曰。老聃博古知今。則吾師也。是以博問老子之後。傳誦其語。以示門弟子焉。晦庵非惟曲排佛老。亦悖孔子崇尙佛老也。後世指佛老爲異端者。徒掩其德。設此逢蒙之計也。後學自無所燭者。未免隨人指呼。效而言之。喚鐘作甕也。一朝學到李屏山林希逸而至景濂大章諸公之地。自能識破矣。夫佛老者。道學也。指道學爲異端者。其爲智乎。不智乎。其爲善心乎。瞞人乎。汝亦學理者。猶未識破也。今識破之後。不可死一人半人之語乎。唐太宗篤志尙佛。迨無加矣。玄奘法師沒世之日。高宗顧左右曰。朕失國寶矣。輟朝三日。玄宗、肅宗、代宗、宣宗。尙佛尤甚。代宗指南陽忠國師曰。國中無寶。此僧乃國寶也。宋朝一十六主。合三百七十年之天下。王王尙佛。身爲帝王。心爲佛祖。傾誠至矣。惟徽宗信林靈素之言。敬老求仙後無驗。賜死。滅其家屬也。相國韓公琦。侍郎歐陽修。張端明。祕書關彥長。章表民。員外郎陳舜俞等。未讀佛書。未知敬佛。逮乎明教嵩禪師幷鐔津集一出。諸公自此敬佛。後有好佛之甚者。禮曰。雖有嘉餚。弗食不知其味。雖有至道。弗學不知其善。是故學然後知不足。敎然後知困。知不足然後能自反也。知困然後能自彊也。豈不其然乎。自晉以來。謝安石才德之量。經綸之手。孰能加焉。王羲之識量高古。才思逸羣。孰能加焉。陶淵明性情之正。去住之高。孰能加焉。謝靈運風規瀟灑。文章之精。孰能加焉。崔公羣相天下而天下賢之。孰能加焉。衡陽龐蘊識見之高。道學之勝。孰能加焉。裴晉公樹大勳業著於盛唐。孰能加焉。顏魯公具大節義文章書法。孰能加焉。相國裴公休文章之古。道學之至。孰能加焉。二蘇子。黃山谷。儒學之至。禪學之勝。孰能加焉。陳忠肅公道學政事高識美德。

孰能加焉。狀元王日休。博學智識。高明正大。孰能加焉。未暇廣而論之。略言此諸名賢。篤志尙佛。天下孰不知之。此諸名賢。道德明敏。豈不逮於晦庵乎。豈不逮於後世排佛之人乎。蓋爲意誠心正。公而無私。重於佛聖人之至道也。晦庵多註書。故後學敬之。不識其心病。故不擇其言。皆從其說也。太原曰。近思錄。理學類編。北溪性理等書。皆以凡情度量佛法。乞師明辯之。空谷曰。彼皆不識佛。隨人猜忌而已。以世人之心。測度佛聖人境界。不啻太空粒粟天地毫芒。何足辯也。豈不見晦庵臨訣困篤。自悔曰。到此時節。輸黃面老子一著。斯自供款也。晦庵排佛老。筆於書中。其來二百餘年矣。沮人多少善心了也。沮人多少陰德了也。日後天地氣數翻變。其說亦未可知。或有公而無私者。惡其偏見。鳴皷而攻之。亦未可知也。太原曰。中也雖不敏。亦知佛法不可排也。世之排者。致令後學失其善心。於天理何如。空谷曰。佛法者生育天地之大本主宰萬化之靈機。上窮空界。下徹地輪。莫非佛之所攝。如是大道。何懼排乎。觀其排意。速欲去盡。爭知愈排愈盛。愈抑愈揚。猶一掌擬掩太陽徒奮身力。如仰面唾天。自汚其首。送風揚塵。自坌己身。然則何益矣。太原曰。謗佛法者。有罪乎。無罪乎。空谷曰。萬般罪過。惟謗佛法者。最爲極重。夫佛法者。超度三界萬靈之大法也。粉骨碎身。尚不能報佛恩之萬一。況欲謗乎。惜乎佛法來遲。老子素王不相會遇。是故佛法不得老子素王發揮其道指諭後學也。是以後學不識佛聖人。超三界之大道。輒恣其情。互加誹謗。自損其德。自罹其殃。可勝道哉。可勝道哉。尙直編。正統間作。姚廣孝撰。道餘錄。以辯明道晦庵之言。此不繁錄。

三寶猶世間沃壤良田。種甘栽而得甘果。種苦栽而收苦果。蒔良稻而刈粳米。植荊棘而饒棘刺。然田無憎愛。亦無增減。惟自獲其美惡。又如淨地以香塗之地。亦不欣。以穢塗之地。亦不怒。惟自手而招香臭耳。佛亦如是。

毀之佛亦不嫌。敬之佛亦不喜。惟自身感其殃慶。而於田於佛。何有損益哉。或護法天龍善神見而譴謫。猶傍觀者。見以穢塗淨地。良田種荆棘。即損而嫌責。禍在目前矣。若見以香塗淨地良田而種粳稻即讃仰而匡護。禎祥自至。而殃禍遠矣。其有智者。當自思之。佛於我何仇。輕之獲何德。僧於我何寃。毀之得何利。豁然自省。則排毀之心。當下冰消矣。晦庵臨訣困篤。自悔云。到此時節。輸黃面老子一著。則其已種於善因矣。昔者調達藏毒藥於指甲。往禮佛足。欲將甲剌傷佛足。令毒攻佛。而佛足變爲瑠璃地。即坼開。生身陷落時。心生悔敬。欲稱南無佛。未及佛字。身已入地獄佛即與之授記。於當來世。成辟支佛號曰南無晦庵謗佛。罪雖極重。而其臨終自悔之善根。將來必與調達把臂同遊也。

竹窗隨筆

雲棲袾宏撰

宋儒有言。讀一部華嚴經。不如看一艮卦。此說高明者自知其謬。庸劣者遂信不疑。開邪見門。塞圓乘路。言不可不愼也。假令說讀一部易經不如看一艮卦。然且不可。況佛法耶。況佛法之華嚴耶。華嚴且無量門。諸大乘經。猶是華嚴無量門中之一門耳。華嚴天王也。諸大乘經。侯封也。諸小乘經。侯封之附庸也。餘可知矣。又新建創良知之說。是其識見學力深造所到。非強立標識。以張大其門庭者也。然好同儒釋者。謂卽是佛說之眞知。則未可。何者。良知二字本出子輿氏。今以三支格之。良知爲宗。不慮而知爲因。孩提之童無不知愛親敬長爲喻。則良知者美也。自然知之而非造作者也。而所知愛敬涉妄已久。豈眞常寂照之謂哉。眞之與良。固當有辨。孔叢子云。心之精神是爲聖。楊慈湖平生學問以是爲宗。其於良知何似。得無合佛說之眞知歟。曰。精神更淺於良知。均之水上波耳。惡得爲眞知乎哉。且精神二字分言之則各有旨。合而成文。則精魂神識之謂也。昔人有言。無量劫來生死本。癡人認作本來人者是也。慈湖儒者也。不觀仲尼之言乎。操則存。舍則亡。出入無時。莫知其鄉。則進於精神矣。復進於良知矣。然則是佛說之眞知乎。曰亦未也。眞無存亡。眞無出入也。莫知其鄉。則庶幾矣。而猶未舉其全也。仲尼又云。無思也。無爲也。寂然不動。感而遂通天下之故。夫泯思爲而入寂。是莫知其鄉也。無最後句。則成斷滅。斷滅則無知矣。通天下之故。無上二句。則成亂想。亂想則妄知矣。寂而通。是之爲眞知也。然斯言也。論易也。非論心也。人以屬之著卦而已。蓋時未至。機未熟。仲尼微露而寄之乎易。使人自得之也。甚矣仲尼之善言心也。信矣仲尼之爲儒童菩薩也。然則讀儒書足了生死。何以佛爲。曰佛談如是妙理。徧於三藏。其在儒書千百言中而偶一及也。仲尼非不知也。仲尼主世間法。釋迦主出世間法也。心雖無二。而門庭施設不同。學者不得不各從其門也。或言父母之喪。不作佛事。此晦庵家禮也。嗟乎。世遂有生子登樞要。饒財寶。而不得其爲已禮一佛。誦一四句偈。飯一沙門。復於七七日中。宰牲牢。致胙於宗族交遊。以爲崇正道。闢邪說。不知祇以增親之業。助其沉淪。死者有知。當撫膺痛哭於泉下矣。反不及貧人之子。得報其親也。豈不重可哀哉。顏氏家訓古今人所讚歎。而其間獨曰必作佛事。顏朱皆賢者也。試合而觀之。學士李屏山曰。伊川謂看一部華嚴經。不如看一艮卦。余謂程子以艮其所爲止。於其所當止。疑釋氏止如死灰槁木而止耳。故出此輕語。顧豈知華嚴圓教之旨。一法若有。毘盧墮於塵勞。萬法若無。普賢失其境界。豎說之則五十七聖位。於一彈指。如海印頓現。橫說之則五十三法門。

在一毛端。如帝網相羅。德雲曾過於別峯。普眼不知其正位。逝多園林。迦葉不聞。彌勒樓閣。善財能入。向非此書之至。學道者墮於無爲之坑。談玄者入於邪見之境。則老莊內聖外王之說。孔孟上達下學之意。皆掃地矣。

國家圖書館出版品預行編目資料

弘贊律師開示語錄／弘贊律師註解. -- 初版. -- 新北市：華夏出版有限公司, 2024.08
面； 公分. --（圓明書房；045）
ISBN 978-626-7393-03-1（平裝）
1.CST：佛教說法 2.CST：佛教修持

225.4 112017875

圓明書房 045
弘贊律師開示語錄

註　解　弘贊律師
出　版　華夏出版有限公司
220 新北市板橋區縣民大道 3 段 93 巷 30 弄 25 號 1 樓
電話：02-32343788 傳真：02-22234544
E-mail：pftwsdom@ms7.hinet.net
印　刷　百通科技股份有限公司
電話：02-86926066 傳真：02-86926016
總 經 銷　貿騰發賣股份有限公司
新北市 235 中和區立德街 136 號 6 樓
電話：02-82275988 傳真：02-82275989
網址：www.namode.com
版　次　2024 年 8 月初版一刷
特　價　新臺幣 300 元（缺頁或破損的書，請寄回更換）

ISBN-13：978-626-7393-03-1